Hugo's Simplified System

Dutch in
Three Months

Hugo's Language Books Limited

This impression 1989

Written by

Jane Fenoulhet M. Phil. (Dutch), M.I.L.

Lecturer in Dutch at
University College London

Set in 10/12 Plantin by
Phoenix Photosetting and
Printed and bound in Great Britain by
Courier International Ltd, Tiptree, Essex

Preface

This new edition of 'Dutch in Three Months' has been written for us by Jane Fenoulhet, a teacher with considerable experience in her subject from university level downwards. The book is designed for students working without a teacher, who want to acquire a good working knowledge of the language in a short time. The grammar is presented concisely and clearly, and the student is given plenty of opportunity to practise what has been learnt. In order to gain the most from 'Dutch in Three Months', you should spend about eight hours a week studying and aim to complete two lessons in this time, following the instructions and hints given below.

Lesson 1

It is extremely important that you master the sounds of Dutch before moving on to the grammar. Each sound is described in enough detail for you to work out its pronunciation, but if possible this should be done in conjunction with the cassette recordings that we offer as optional extras to the book. The best way to master the sounds, stress and intonation of a foreign language is by imitating a native speaker. Failing this, you might be able to listen to Dutch radio (Hilversum); it will at least give you some idea of the sounds and rhythm of spoken Dutch. You should move on to the second lesson only when you are able to recognize readily which letters spell which sounds. The exercises and drills will serve as a test.

Lessons 2–20

These lessons all follow the same pattern. This enables you to develop a study routine. Each lesson is divided into five areas:

Grammar
First, quickly revise what was learnt in the previous lesson. Read through each numbered section of new grammar at least twice. Use the references to other sections as opportunities for revision. Try to understand rather than memorize; if you have understood, the exercises and drills will ensure that you remember the rules through applying them.

3

Vocabulary
The list of words contains all the vocabulary needed for the rest of the lesson.

Exercises
These are mainly straightforward translation exercises carefully formulated to incorporate both the lesson's grammar and the most important rules learnt so far, and both old and new vocabulary. The student is expected to have learnt the vocabulary as he progresses. The language used is everyday, standard Dutch. It is most important that you check your answers carefully with the key. If you don't understand a mistake, go back to the grammar. There is a grammatical index to help you find the section you require and also a glossary (on page 185) which explains the grammatical terms used in this book.

Drills
These are intended to be spoken aloud, for both pronunciation and grammar practice. Cover all but the top line with a sheet of paper, because the answer is given on the next line. Work through the drills line by line and use them as a test to see if you are ready to move on to the next lesson; if you can complete them fluently, then you are. If you are not, carefully go through the lesson again.

Conversation
Each lesson contains a sample of standard colloquial Dutch. It is important to remember that idiomatic language cannot be translated word for word. An English translation is given to enable you to compare idioms. Practice reading the Dutch aloud until you can do so without hesitating.

The course is rounded off with a few reading passages that have been graded according to their grammatical content; by the time you have completed Lesson 13, you should have sufficient knowledge to manage the first two passages. As a whole, the book provides the sound grammatical basis needed in order to speak, understand, read and write Dutch. But it is important to continue expanding your vocabulary through reading, listening to the radio if possible and, best of all, through visiting the country. We hope you will enjoy this course, and wish you success with your studies.

Contents

6

Lesson 1

1 Pronunciation

a) It cannot be emphasized strongly enough that the only way the student will learn to pronounce Dutch sounds correctly is by imitating a Dutch speaker. If at all possible, then, you should listen to the pronunciation on the cassette over and over again until you can make the same sounds as the voice on the tape. Particular attention should be paid to the *vowel* sounds which are very different from English vowels. The *consonants*, on the other hand, are the same as in English in most cases.

Although the spelling of individual sounds is given below in the pronunciation sections, we shall look at the spelling system later in section 4, page 12.

b) Stress in Dutch generally falls on the first syllable of a word, as in English. In the lessons that follow, the first appearance of any exception to this rule will be indicated by a stroke (') placed before the stressed syllable, unless it is an unstressed prefix (see section 31c).

c) Voiced consonants are those which are produced with vibration of the vocal cords, e.g. 'b'. When voiceless consonants are produced, the vocal cords do not vibrate, e.g. 'p'. This distinction is important for the description of certain Dutch consonants in section 2.

2 Consonants

s, f, h, b, d, z, l, m, n, and ng (as in English 'sing') are the same in Dutch as in English.

p, t, k   are pronounced like their English counterparts but without the puff of air which follows the English sound.

8

You can test this by holding your hand in front of your mouth and saying 'put'. You should feel the escape of breath immediately after the p sound. This must not happen when making the Dutch sounds. Practise saying the Dutch word **pet** (cap).

ch   Dutch **ch** spells *one* sound. It is the same sound as the 'ch' in Scottish 'loch' or German 'Bach' and made by friction at the back of the mouth. Practise saying **licht** (light).

sch   Dutch has a combination of **s** followed by **ch**, as in **schip** (ship) which is very difficult for an English speaker to pronounce and requires special attention.

g   Beware! **g** in Dutch is never pronounced in the English way. It is the same sound as **ch**, although it is voiced in some parts of the country. Practise: **gek** (mad). Occasionally **g** is pronounced like the s in English 'measure'.

w   **w** is pronounced like English v when it occurs before **r**. Otherwise it is made like English w but usually with the bottom lip against the top teeth. Aim for a sound in between an English v and an English w. Practise: **wit** (white).

v   **v** is like English v in 'give' although its pronunciation is sometimes closer to that of English f, especially at the beginning of words. Practise: **vet** (fat).

r   **r** is made either by trilling the tongue against the back of the top teeth (rolled r) or by friction at the back of the mouth (guttural r). It is *always* pronounced in Dutch. Practise: **pret** (fun).

There are three more consonants in Dutch which sound the same as English sounds but which are spelt differently:

j is pronounced the same as English 'y',

sj is pronounced similarly to English 'sh',

tj is pronounced similarly to English 'ch'.

3 Vowels

This section is divided into four parts which will be explained further in section 4, page 12.

3 (i) Some of the vowels have alternative spellings as indicated but the sound is the same in each case.

aa/a   This vowel is like English a in 'cat' but longer.
Practise: **straat** (street), **water** (water).

ee/e   This is similar to the English vowel sound in 'hail',
although it is shorter. The lips should be stretched as if in a smile.
Practise: **heel** (whole) **beter** (better).

ie   This is like the English vowel sound in 'neat', but shorter.
Practise: **niet** (not).

oo/o   This vowel is similar to the English vowel sound in 'boat', but it is shorter. The lips must be rounded.
Practise: **boot** (boat), **stro** (straw).

oe   This vowel is very like the English oo in 'pool', but shorter and made further back in the mouth. The lips should be rounded.
Practise: **poel** (pool).

eu   There is no equivalent sound in English. Make Dutch **eu** by pronouncing the English vowel sound in 'hurt', but with the lips tightly rounded.
Practise: **neus** (nose).

uu/u   There is no equivalent vowel sound in English. Make Dutch **uu** by pronouncing English oo as in 'loot' and

tightly pursing the lips whilst pressing the tongue against the bottom teeth.
Practise: **muziek** (music), **buur** (neighbour).

All the vowel sounds listed above are pronounced much longer if followed by an **r**. Practise: **paar** (pair), **peer** (pear), **dier** (animal), **noord** (north), **boer** (farmer), **deur** (door), **duur** (expensive).

3 (ii) The following vowel sounds are different from those spelt similarly in section **3 (i)**. They are, in addition, always short:

a   There is no equivalent sound in English. Make Dutch **a** by saying the English vowel sound as in 'hard' but pronounced very short.
Practise: **man** (man).

e   This vowel is very like the English vowel sound in 'bet', but it is shorter.
Practise: **vet** (fat).

i   This is very like the English vowel sound in 'bit', but it is shorter.
Practise: **wit** (white).

o   This vowel sound is similar to the English o as in 'pot', but it is shorter and the lips are rounded.
Practise: **pot** (pot).

u   There is no equivalent sound in English. Make the Dutch **u** by saying the English vowel sound in 'dirt' but pronounced very short.
Practise: **bus** (bus).

3 (iii) The following sounds are diphthongs or combinations of two vowels.

ei/ij   This sound is not found in English. It is somewhere between the sound in English 'light' and the sound in English 'late'.
Practise: **trein** (train), **fijn** (fine).

aai	This sound is a combination of Dutch **aa** and **ie**. Practise: **taai** (tough).
oei	This sound is a combination of Dutch **oe** and **ie**. Practise: **groei** (growth).
ooi	This sound is a combination of Dutch **oo** and **ie**. Practise: **mooi** (beautiful).
ou/au	This sound is not found in English. Pronounce the English diphthong in 'shout' but make the first vowel of the diphthong more like English o as in 'shot'. Practise: **nou** (now), **blauw** (blue).
eeuw	This sound is a combination of Dutch **ee** and **oe**. Practise: **leeuw** (lion).
ieuw	This sound is a combination of Dutch **ie** and **oe**. Practise: **nieuw** (new).
uw	This sound is a combination of Dutch **uu** and **oe**. Practise: **sluw** (sly).
ui	This sound is not found in English. Make Dutch **ui** by pronouncing the English vowel sound as in 'house' with the lips tightly rounded and the tongue pressed against the bottom teeth. Practise: **huis** (house), **tuin** (garden).

3 (iv) There is one last vowel sound in Dutch. It is a short, weak vowel occurring only in unstressed syllables. It is like the English sound at the beginning of 'along'. It is spelt in a variety of ways. Practise:

e	**de** (the)
ee	**een** (a)
i	**aardig** (nice)
ij	**vriendelijk** (kind)

4 Spelling

Dutch spelling poses few problems compared with English spelling. In section 3(ii) there are four vowel sounds a; e; o; u which are always spelt with one letter. You will have noticed, however, that some of the vowels described in 3(i) are spelt in two ways: aa or a; ee or e; oo or o; uu or u. The most important spelling rule in Dutch deals with the spelling of these vowel sounds. In closed syllables, i.e. those that end in a consonant, the letter is doubled – e.g. aa as in **maan** (moon). If another syllable is added, such as the plural ending **-en**, the vowel spelling changes to a single letter e.g. **manen** (moons). (The vowel sound remains the same – see section 3(i).) This is because the syllable is now open, i.e. it ends in a vowel, as the syllable division is drawn before the consonant **ma/nen**. Thus, the first syllable is open and the second closed.

Rule for spelling vowels described in 3(i): write double letters in closed syllables and a single letter in open syllables. A 3(ii) vowel is always written in closed syllables: **man** (man). The plural of **man** is **mannen**. This time the final consonant of **man** is doubled, thus keeping the first syllable closed.

The following table will give a clearer view of the spelling system of Dutch vowels. The top line of each pair represents the 3(i) class of vowel, the bottom line represents the 3(ii) class:

	singular	*plural*
	maan	manen
compare:	man	mannen
	peen (carrot)	penen
compare:	pen (pen)	pennen
	poot (paw)	poten
compare:	pot	potten
	buur	buren
compare:	bus	bussen

There is only one exception to this rule. A 3(i) vowel is normally spelt with one letter at the end of a word (open syllable) as in **sla**, **stro**, **paraplu**, with the exception of ee, hence **zee** (sea). The spelling of the other vowel sounds is invariable. All other spelling matters will be dealt with as they arise.

Exercises

1 *Read the following list of words aloud:*

boer, peer, straat, boot, poel, man, pot, trein, tuin, leeuw, bus,
buur, pen, poot, taai, aardig, nieuw, groei, mooi, nou.

2 *Write down the plurals of these nouns by adding* **-en** *and adjusting the spelling where necessary:*

trein, leeuw, boer, peer, poot, buur, pen, tuin, bus, boot, pot,
straat, man, deur, maan.

Drills

Read the **Preface** on page 4 before starting drills.

Repeat the following sentences several times: first by imitating what you hear *without* looking at the book and then by listening and reading. If you do not have a cassette use the drill for reading practice. If you are ever in doubt about pronunciation, refer back to this chapter. Never hazard a guess.

De man is vriendelijk.	The man is kind.
De tuin is mooi.	The garden is beautiful.
De trein is nieuw.	The train is new.
De buurman is aardig.	The neighbour is nice.
De boer zit in de bus.	The farmer is sitting on the bus.
Een leeuw is een dier.	A lion is an animal.

Vocabulary

aardig	nice	**het dier**	animal
blauw	blue	**duur**	expensive
boer	farmer	**een**	a
boot	boat	**fijn**	fine
bus	bus	**groei**	growth
buur	neighbour	**het huis**	house
buurman	male neighbour	**in**	in
de	the	**is**	is
deur	door	**leeuw**	lion

maan	moon	**pot**	pot
man	man	**sla**	lettuce
mooi	beautiful	**sluw**	sly
niet	not	**straat**	street
nieuw	new	**stro**	straw
nu	now	**taai**	tough
paar	pair	**trein**	train
para'plu	umbrella	**tuin**	garden
peen	carrot	**vriendelijk**	kind, friendly
peer	pear	**water**	water
pen	pen	**wit**	white
pet	cap	**zee**	sea
poel	pool	**zit**	sits, is sitting
poot	paw		

The 'Imitated Pronunciation'

Any system of 'imitated pronunciation' (where the sound of the foreign word is written down as if it was in English syllables) is bound to have drawbacks. The author of this book is totally against such imitative methods. However, it must be said that some students will have no Dutch speaker to help them, and will also be unable to use our cassette recordings of the text. They also need to be sure that their pronunciation is reasonably accurate before they get into bad habits. The use of 'imitated pronunciation' is obviously helpful to such students, so we are maintaining a well-known feature of Hugo language courses by providing it for certain key words and the vocabulary lists, from hereon to Lesson 7. *Refer to the guide only as a last resort*, and remember that the need to do so means that you really ought to revise this first lesson.

Read the imitated pronunciation as if you were sounding English syllables, bearing in mind the following modifications:

HG represents the guttural 'ch' or 'g'.
r in italics is silent, being put there to ensure you sound the preceding English vowel correctly.
EE represents the long Dutch 'uu'/'u'.
a in bold italics represents the short Dutch 'a'.
OW represents the Dutch 'ui' sound.
ER represents the Dutch 'eu' sound.

Remember that when you see ow (in small letters, not capitals) in the imitated pronunciation, it should sound more like ow in 'how' than in 'blow', but not emphatically so. The ah in an imitation like 'straht' (for the Dutch **straat**) should not be too long. When we put a double ff, sound it as an English f; a single f (standing for the Dutch v) may be sounded somewhere between the English f and v. The Dutch w is represented by a v in the imitated pronunciation but you may modify this English v-sound towards that of w, as the earlier notes instruct you.

The Dutch alphabet

The Dutch alphabet consists of the same letters as the English, but the letters Q, X, and Y are only used in foreign words.

A	B	C	D	E	F	G	H	I
ah	bay	say	day	ay	eff	HGay	hah	ee

J	K	L	M	N	O	P	Q	R
yay	kah	ell	emm	enn	oh	pay	kEE	air

S	T	U	V	W	X	Y	Z
ess	tay	EE	fay	vay	iks	ee-HGrek	zett

Lesson 2

5 Personal subject pronouns

singular	stressed	unstressed	
1st person	ik	('k)	I
2nd person (informal)	jij	je	you
(formal)	u		you
3rd person	hij	(ie)	he
	zij	ze	she
	het	't	it

plural			
1st person	wij	we	we
2nd person (informal)	jullie	je	you
(formal)	u		you
3rd person	zij	ze	they

a) The informal second person pronouns **jij** and **jullie** are generally used when speaking to family and friends. The second person formal pronoun **u** is used to strangers and to superiors.

b) Note that some pronouns have an unstressed form which follows the stressed form in the table above. The unstressed form is the one commonly used in speech unless special emphasis is required. The unstressed forms given in brackets are never written. The other unstressed pronouns – the ones without brackets – are used in less formal writing.

c) The unstressed form of **jullie**, i.e. **je**, can only be used once **jullie** has been mentioned. This avoids confusion with the singular, particularly since **je** is always used with a singular verb.

IMITATED PRONUNCIATION (5): ick/'k; yey/yer; EE; hey/ee; zey/zer; het/ert; vey/ver; yerl-lee/yer; EE; zey/zer.

6 Zijn (to be)

One of the most useful parts of any language is the verb 'to be'. But **zijn** is irregular and must therefore be learnt by heart. Note that although the words for 'she' and 'they' are the same when used with a verb, the form of the verb distinguishes between them.

present tense

singular

ik ben	I am
jij bent	you are
u bent/is	you are
hij is	he is
zij is	she is
het is	it is

plural

wij zijn	we are
jullie zijn	you are
u bent/is	you are
zij zijn	they are

IMITATED PRONUNCIATION (6): zeyn; ick ben; yey bent; EE bent/iss; hey iss; zey iss; het iss; vey zeyn; yerl-lee zeyn; EE bent/iss; zey zeyn.

7 Interrogative

The interrogative or question form of **zijn** consists of switching round the personal pronoun and the verb, just as in English. For example:

ben ik?	am I?
ben jij?	are you?
is hij?	is he?

and so on. (For **Questions** see section 19, page 40.)
This switching round of subject and verb is called 'inversion'.
Whenever inversion occurs in Dutch, the **jij**-form of the verb drops its -t ending, for example **ben jij?**

18

8 Hebben (to have)

present tense

singular		plural	
ik heb	I have	**wij hebben**	we have
jij hebt	you have	**jullie hebben**	you have
u hebt/heeft	you have	**u hebt/heeft**	you have
hij, zij, het heeft	he, she, it has	**zij hebben**	they have

a) Like **zijn**, **hebben** is also irregular and it is best learnt by heart.

b) When inverted for a question, the second person singular form of the verb also drops its -t ending, for example **heb jij?**

IMITATED PRONUNCIATION (8): heb-ber; ick hep; yey hept; EE hept/hayft; hey/yey/het hayft; vey heb-ber; yerl-lee heb-ber; EE hept/hayft; zey heb-ber.

Vocabulary

alle'bei	both
dus	so
en	and
erg	very
hebben	to have
hoofdpijn hebben	to have a headache
keelpijn hebben	to have a sore throat
koorts hebben	to have a temperature
het'zelfde	the same thing
ja	yes
mis'schien	perhaps
moe	tired
ook	too, also
pre'cies	exactly, precisely
wat vreemd!	how funny! how odd!
ziek	ill

IMITATED PRONUNCIATION: al-ler-'bey; derss; en; erHG; heb-ber; hohft-peyn . . .; kayl-peyn . . .; kohrts . . .; ert-zelv-der; yah; miss-'HGeen; moo; ohk; pray-'sees; vat fraymt; zeek.

Exercises

3 *Translate the following into English:*
1 Is de man aardig?
2 Jullie zijn gek.
3 Ik ben erg ziek.
4 Zij is ook ziek.
5 Ben jij moe?
6 Wij zijn ook moe.
7 De boeren zijn vriendelijk.
8 Zij zijn erg aardig.
9 U bent erg vriendelijk.
10 Jij bent sluw.

4 *Translate the following into English:*
1 Hij heeft een huis.
2 Het heeft een tuin.
3 Hebben de buren een boot?
4 Wij hebben een tuin en een boot.
5 Heb jij een paraplu?
6 Ik heb een peer.
7 Jullie hebben een peer en een peen.
8 Heeft de boer een leeuw in de tuin?
9 Leeuwen hebben poten.
10 Heeft u een pen?

5 *Translate the following into Dutch:*
1 Are the neighbours friendly?
2 He is nice.
3 She is very ill.
4 We have a house and a garden.
5 The house is new.
6 Do you (formal) have an animal in the garden?
7 Yes, I have a lion.
8 You (singular) have a pen and an umbrella.
9 They are both new.
10 You (plural) are tired and ill.
11 I am also ill.
12 You (formal) are very beautiful.
13 The moon is also beautiful.
14 They have a boat.
15 Do you (singular) have a boat too?

20

Drills

1 *Substitution drill. Substitute the word on the far right for the word in* **bold** *type. Remember to keep the next line covered.*

Hij is ziek.	wij
Wij zijn ziek.	jullie
Jullie zijn ziek.	ik
Ik ben ziek.	zij *(plural)*
Zij zijn ziek.	u
U bent ziek.	zij
Zij is ziek.	jij
Jij bent ziek.	

2 *Substitution drill*

Ik heb hoofdpijn.	zij *(plural)*
Zij hebben hoofdpijn.	hij
Hij heeft hoofdpijn.	u
U hebt hoofdpijn.	jullie
Jullie hebben hoofdpijn.	zij
Zij heeft hoofdpijn.	jij
Jij hebt hoofdpijn.	wij
Wij hebben hoofdpijn.	

3 *Stimulus-response drill*
S Ik heb hoofdpijn.
R Wij hebben hoofdpijn.

S Jij hebt koorts.
R Jullie hebben koorts.

S Zij heeft keelpijn.
R Zij hebben keelpijn.

S Hij is aardig.
R Zij zijn aardig.

S Ik ben moe.
R Wij zijn moe.

S Jij bent ziek.
R Jullie zijn ziek.

CONVERSATION

We zijn allemaal ziek!/we're all ill!

Bea **Ben jij moe?** Are you tired?
Willem **Ja, ik ben erg moe.** Yes, I'm very tired.
Bea **Is hij ook moe?** Is he tired too?
Willem **Ja, hij is ook erg moe.** Yes, he's very tired too.
Bea **Dus jullie zijn allebei moe.** So you're both tired.
Willem **We hebben allebei hoofdpijn.** We've both got a headache.
Bea **Hebben jullie misschien ook koorts?** Perhaps you've got a temperature too.
Willem **Ja, en keelpijn.** Yes, and a sore throat.
Bea **Wat vreemd! Ik heb precies hetzelfde.** How funny! I've got exactly the same thing.
Willem **Ben jij ziek?** Are you ill?
Bea **Ja. Jullie zijn dus ook ziek.** Yes. So you are ill too.

Lesson 3

9 Nouns and articles

a) Several Dutch nouns were introduced in lesson 1, for example **man, tuin, huis**. The word **de** (the) has also been encountered occurring before a noun, for example **de man, de tuin**. Common nouns, also known as nouns of common gender (see Glossary of Grammatical Terms on page 185) are preceded by **de**.

b) There are also neuter nouns in Dutch, for example **huis** house. These are preceded by the definite article **het**, e.g. **het meisje, het huis**. In speech, **het** is nearly always pronounced **et** or **'t**. There is no easy way of telling whether a noun is common or neuter: *the ONLY way to remember is to learn noun and article together.*

c) All plural nouns have **de** as their definite article whether they are of common or neuter gender. For example:

de mannen, de huizen

d) Een (English 'a') is the indefinite article in Dutch. It is used before all singular nouns, both common and neuter, e.g. **een man** and **een huis**. It is pronounced with the weak vowel sound (see 3(iv)). As in English, it cannot be used before a plural noun.

e) Note to section 5 page 16. English 'it' is sometimes translated by **het** and sometimes by **hij**. Unlike English which uses 'it' to refer to all objects, Dutch uses **het** to refer to objects denoted by 'het-nouns' and **hij** to refer to objects denoted by 'de-nouns'. For example:

Het huis: het is groot. The house: it is large.
De boot: hij is groot. The boat: it is large.

IMITATED PRONUNCIATION (9): mɑn; tOwn; howss; der; der mɑn; der tOwn; het; ert mey-sher; ert howss; der mɑn-ner; der howz-er; ern; ern mɑn; ern howss; HGroht; boht.

10 Demonstratives 'this' and 'that'

a) Dutch has two words for 'this': **deze** and **dit**. **Deze** is used before common nouns and **dit** before neuter nouns. For example:

deze man, dit huis.

Deze is used with all plurals. For example:

deze mannen, deze huizen.

b) Dutch has two words for 'that': **die** and **dat**. **Die** is used before common nouns and **dat** before neuter nouns. For example:

die man, dat huis.

Die is used with all plurals. For example:

die mannen, die huizen.

c) The demonstratives – **deze/dit** and **die/dat** – can be used independently to refer to a noun already mentioned. English uses 'this (one)', 'that (one)', 'these (ones)' and 'those (ones)'. For example:

Twee jurken: deze is mooi maar die is duur. Two dresses: this one is pretty, but that one is expensive.

Deze and **die** are used in this case because **jurk** is a common gender noun. As one would expect, **dit** and **dat** are used with neuter nouns. For example:

Twee huizen: dit is groot maar dat is klein. Two houses: this one is big, but that one is small.

All plurals use **deze** and **die**. For example:

Zie je de schoenen in die etalage? Deze zijn mooi maar die zijn duur. Do you see the shoes in that shop window? These are pretty, but those are expensive.

d) Sometimes **die** is simply used as an alternative to the referring pronouns **hij/zij/zij** (plural). Similarly, **dat** sometimes replaces **het**. For example:

Zie je de buren? Die zijn erg aardig. Do you see the neighbours? They are very nice.

IMITATED PRONUNCIATION (10): day-zer; dit; dee; dat; tvay yerrk-er; mah'ee; mahr; dEEr; kleyn; sHGoon-er; ay-tah-'lah-zher; bEEr-er; ahr-derHG.

11 Dit/dat/het + zijn + noun

Dutch has a special construction used when identifying or describing people or things. It is introduced by either **dit, dat,** or **het.** For example:

Dit is Jan. This is Jan.
Dat is de buurman. That is the neighbour.
Het is de buurvrouw. It's the neighbour.

If the noun is plural, the verb also takes the plural form, *but* **dit, dat,** or **het** never change. For example:

Dit zijn de schoenen. These are the shoes.
Dat zijn de jurken. Those are the dresses.
Het zijn de buren. They are the neighbours.

Vocabulary

bedoel je	do you mean
een beetje	a bit
daar	there, over there
dik	fat
eigenlijk	actually, really
de etal'age	shop window
het is geen gezicht!	(it's) not a pretty sight!
groot	large
het haar	hair
de jongen	boy
de jurk	dress
het kind	child
klein	small
kort	short
maar	but
het meisje	girl
me'juffrouw	Miss

me'neer	Mr
me'vrouw	Mrs/Ms
na'tuurlijk	natural
nou!	well!
of	or
de pruik	wig
de rok	skirt
de schoen	shoe
slecht	bad
te	too
ten'minste	at least
twee	two
van	of
veel	much, many, a lot
verschrikkelijk	terrible
versleten	down at heel, worn out
de vrouw	woman
wat jammer!	what a pity!
wel nee	oh no
zie je	do you see
zo	so
weg	away, gone

IMITATED PRONUNCIATION: ber-dool yer; ern bayt-yer; dahr; dick; ey-HGer-lerk; der ay-tah-'lah-zher; HGroht; ert hahr; der yong-er; der yerrk; ert kint; kleyn; kort; mahr; ert mey-sher; mer-'yer-frow; mer-'nayr; mer-'vrow; nah-'tEEr-lerk; now; off; der prowk; der rock; der sHGoon; sleHGt; ter; ten-'minss-ter; tvay; fan; fayl; fer-'sHGrick-er-lerk; fer-'slay-ter; der frow; vat yam-mer; vel nay; zee yer; zoh; veHG; ert iss HGayn HGer-ziHGt.

12 Forms of address

meneer (Mr), **mevrouw** (Mrs), **mejuffrouw** (Miss)

Each is written with a small initial letter and precedes the surname. **Meneer** and **mevrouw** can be used on their own when addressing a stranger. For example:

Goede morgen, meneer Smit. Good morning, Mr Smith.
Pardon, meneer. Excuse me.
This latter usage is still current, whereas, the use of its English
equivalent, 'sir', is very restricted.
When addressing an envelope, put **de Heer** instead of **meneer**. The
feminine forms are abbreviated to **Mevr.** and **Mej.** while **Mw.**
corresponds to the English Ms.

Exercises

6 *Translate the following into English:*
  1 De man is klein.
  2 Het meisje is erg dik.
  3 De huizen zijn veel te groot.
  4 De vrouw heeft een pruik.
  5 De buren hebben een kind.
  6 Het is een meisje.
  7 Het meisje zit in de tuin.
  8 De schoenen zijn een beetje versleten.
  9 Het dier is niet vriendelijk.
10 Het is sluw.

7 *Translate the following into English:*
  1 Dit huis heeft een tuin.
  2 Dat huis is te klein.
  3 Die huizen zijn erg groot.
  4 Deze jurk is te kort.
  5 Deze schoenen zijn een beetje groot.
  6 Die schoenen zijn veel te klein.
  7 Zie je deze jongen en dit meisje?
  8 Die zijn erg aardig.
  9 Dat zijn de buren.
10 Die is aardig maar die is niet zo vriendelijk.

8 *Translate the following into Dutch:*
  1 This boy has a boat.
  2 That girl has a pen.
  3 These men are very kind.
  4 Those women are also kind.

5 This house is large, but that one is small.
6 That garden is too big.
7 Those shoes are very expensive.
8 That dress is too short, but this one is very pretty.
9 These are the neighbours.
10 They are not very nice.
11 That animal over there is a lion.
12 This is the farmer.
13 He is sitting in a boat.
14 This boat is new and that one is too.
15 These women are both tired.

Drills

1 *Substitution drill. Substitute the word on the far right for the word in* **bold** *type, altering the form of the demonstrative and verb if necessary*

Dit **huis** is klein.	boot
Deze **boot** is klein.	meisje
Dit **meisje** is klein.	schoenen
Deze **schoenen** zijn klein.	tuin
Deze **tuin** is klein.	kind
Dit **kind** is klein.	huizen
Deze **huizen** zijn klein.	paraplu
Deze **paraplu** is klein.	

2 *Stimulus-response drill*
S Die jongen is erg aardig.
R Deze is ook aardig.

S Dat dier is erg ziek.
R Dit is ook ziek.

S Die vrouwen hebben hoofdpijn.
R Deze hebben ook hoofdpijn.

S Dat kind heeft koorts.
R Dit heeft ook koorts.

S Die schoenen zijn erg versleten.
R Deze zijn ook versleten.

S Die jurk is erg kort.
R Deze is ook kort.

CONVERSATION

Mensjes kijken/man-watching

Mevrouw Smit   **Zie je die twee vrouwen daar?** Do you see those two women over there?

Meneer de Wit   **Bedoel je die met de jurk en die met het haar?** Do you mean the one with the dress and the one with the hair?

Mevrouw Smit   **Ja. Dat haar is veel te mooi. Het is een pruik.** That hair is much too beautiful. It's a wig.

Meneer de Wit   **Wel nee! Nou . . . misschien. Maar zie je die met de jurk!** No it isn't. Well . . . perhaps. But do you see the one with the dress!

Mevrouw Smit   **Die is wel een beetje dik maar het haar is tenminste natuurlijk.** She's a bit fat, but at least her hair's natural.

Meneer de Wit   **Die jurk is te kort.** That dress is too short.

Mevrouw Smit   **Nou, de jurk is niet zo slecht – zie je die schoenen?** Mm, the dress isn't so bad – do you see those shoes?

Meneer de Wit   **Die zijn wel erg versleten. Het is geen gezicht!** They're very down at heel. Not a pretty sight!

Mevrouw Smit   **Bedoel je die met de jurk of die met het haar?** Do you mean the one with the dress or the one with the hair?

Meneer de Wit   **Allebei eigenlijk. Wat jammer! Ze zijn weg!** Both, really. What a pity! They've gone.

Lesson 4

13 Noun plurals ending -en

a) The most frequent way of forming noun plurals in Dutch is to add **-en** to the singular noun, as in:

maan → manen, man → mannen

SPELLING NOTE Please read section 4 again, and remember to apply the spelling rules.

PRONUNCIATION NOTE The final -n is not usually pronounced e.g. **manne**(n).

b) s and f at the end of a noun are replaced by z and v respectively on the addition of the plural ending:

huis → huizen, wolf → wolven

c) PRONUNCIATION NOTE At the end of a word **d** and **b** are pronounced **t** and **p** respectively. When the plural ending is added, **d** and **b** are pronounced as themselves, as in:

het bed → bedden
ik heb → wij hebben

d) A few nouns which add **-en** in the plural also change their vowel sound. See lesson 1, section 4. The most useful ones are:

de dag (day)	**dagen**
het dak (roof)	**daken**
het glas (glass)	**glazen**
het schip (ship)	**schepen**
de stad (town)	**steden**
de weg (road)	**wegen**

If the vowel sound of **dag** were to be preserved, the g would be doubled in the plural, in the same way as the n is doubled in

mannen. But the vowel sound in **dagen** is the same as the vowel sound in **maan.** Similarly with **dak** and **glas** and **weg.** In other words, class 3(ii) vowels in the singular become class 3(i) vowels in the plural.

IMITATED PRONUNCIATION (13): mahn; mahn-er; mɑn; mɑn-ner; howss; how-zer; volff; volf-er; bet; bed-der; hep; heb-ber; dɑHG; dah-HGer; dɑk; dah-ker; HGlɑss; HGlah-zer; sHGip; sHGay-per; stɑt; stay-der; veHG; vay-ger.

14 Noun plurals ending -s

a) Nouns ending in -el, -em, -en, -er or -je add -s in the plural. For example:

de tafel (table)	tafels
de bezem (broom)	bezems
het laken (sheet)	lakens
de vader (father)	vaders
het meisje (girl)	meisjes

b) Nouns ending in -a, -o or -u add -s in the plural. The plural ending is always preceded by an apostrophe in this case. For example:

de foto (photograph)	foto's
de paraplu (umbrella)	paraplu's

c) Most nouns ending in an unstressed vowel add -s:

de tante (aunt)	tantes
de am'bitie (ambition)	ambities

d) Most foreign words (usually English or French) add -s. For example:

de tram (tram)	trams
het per'ron (platform)	perrons

IMITATED PRONUNCIATION (14): tah-ferl; tah-ferls; bay-zem; bay-zems; lah-ker; lah-kens; fah-der; fah-ders; mey-sher; mey-shess;

ffoh-toh; ffoh-tohs; pah-rah-'plEE; pah-rah-'plEEs; t*a*n-ter; t*a*n-ters; *a*m-'beet-see; *a*m-'beet-sees; trem; trems; pehr-'ron; pehr-'rons.

15 Noun plurals ending -eren

A small group of neuter nouns add **-eren** in the plural. The most useful ones are listed below:

het blad (leaf)	**bladeren**
het ei (egg)	**eieren**
het kind	**kinderen**
het lied (song)	**liederen**
het volk (nation, people)	**volkeren** (also **volken**)
het been (bone)	**beenderen** (inserts **d** before suffix)
NOTE: **het been** (leg)	**benen** (legs)

IMITATED PRONUNCIATION (15): bl*a*t; blah-der-rer; ey; ey-er-rer; kint; kin-der-rer; leet; lee-der-rer; folk; fol-ker-rer/fol-ker; bayn; bayn-der-rer; bayn; bay-ner.

16 Feminine nouns

To indicate the female of many occupations, nationalities and animals Dutch adds one of five endings – usually to the masculine noun. Each new feminine must be learnt, but a list of suffixes is given below:

a) -in (*plural* ending **-nen**) This suffix is always stressed, as in:

boer (farmer)	**boerin** (farmer, farmer's wife)
leeuw (lion)	**leeuwin** (lioness)
Rus (Russian man)	**Russin** (Russian woman)
koning (king)	**koningin** (queen)

b) -es (*plural* **-sen**) Stressed:

leraar (male teacher)	**lerares** (female teacher)
prins (prince)	**prinses** (princess)

c) -esse (*plural* **-n**) Stressed. This suffix replaces the **-is** ending of the masculine noun.

secret'aris (male secretary)   secretaresse (female secretary)
bibliothek'aris (male librarian)   bibliothekaresse (female librarian)

d) -e (*plural* **-n** or **-s**) Unstressed. For example:

stud'ent (male student)   stud'ente (female student)
telefon'ist (male telephonist)   telefon'iste (female telephonist)

For most nationalities, an unstressed **-e** is added to the adjective of nationality, as in:

Engels (English)   **Engelse** (English woman)
Nederlands (Dutch)   **Nederlandse** (Dutch woman)

e) -ster (*plural* **-s**) Unstressed. This ending is added to the stem of a verb. For example:

schrijf (write)   **schrijfster** (authoress)
verpleeg (nurse)   **verpleegster** (female nurse)

IMITATED PRONUNCIATION (16): boor; boor-'in; lay'oo; lay'oo-'in; rerss; rerss-'in; koh-ning; koh-ning-'in; lay-rahr; lay-rahr-'ess; prins; prin-'sess; sehk-rer-'tah-riss; sehk-rer-tah-'ress-er; bee-blee-oh-tay-'kah-riss; bee-blee-oh-tay-kah-'ress-er; stEE-'dent; stEE-'dent-er; tel-eh-fohn-'ist; tel-eh-fohn-'ist-er; eng-els; eng-els-er; nay-der-lants; nay-der-lant-ser; sHGreyff; sHGreyff-ster; fer-'playHG; fer-'playHG-ster.

Vocabulary

alles	everything
altijd	always
de biogra'fie	biography
(*plural:* **biografieën**)	
het boek	book
de dag	day
Dag!	Hello! Goodbye!
goed	good
goede morgen!	good morning!

(When an e is added to **goed**, the d is pronounced as a Dutch j.)

heel	very
hier	here
ja'zeker	indeed
kies'keurig	choosy, fussy
luistert u eens.	listen here
mijn	my
moeilijk	difficult
de naam	name
de oom (*plural:* ooms)	uncle
over	about
de ro'man	novel
saai	dull, boring
de schrijver	author
uit	from, out of
weet ik veel?	How do I know?

IMITATED PRONUNCIATION: *al*-lers; *al*-'teyt; bee-oh-HGrahff-'ee;
bee-oh-HGrahff-'ee-er; book; d*a*HG; HGoot; HGoo-yer mor-HGer;
hayl; heer; yah-'zay-ker; kees-'k*ER*-rerHG; lowss-tert EE ayns; meyn;
moo'ee-lerk; nahm; ohm; ohms; oh-ver; roh-'m*a*n; sah'ee;
sHGrey-ver; OWt; vayt ick fayl.

Exercises

9 *Translate the following into English:*
1 Ik heb twee pennen.
2 De boer heeft veel penen.
3 Wolven en leeuwen zijn dieren.
4 Huizen hebben daken.
5 De steden hebben veel wegen en straten.
6 Die vrouwen hebben heel veel boeken.
7 Studenten hebben altijd veel boeken.
8 Biografieën zijn niet altijd saai.

10 *Translate the following into English:*
1 Dit zijn de jongens en meisjes van de buurvrouw.
2 Zij heeft twee tantes en twee ooms.
3 Deze foto's zijn erg goed.
4 De vaders van die kinderen hebben veel ambities.
5 Die liederen zijn erg mooi.

6 Deze paraplu's zijn groot.
7 De stad heeft veel trams.
8 Die tafels zijn nieuw.

11 *Translate the following into English:*
1 De bibliothekaresse heeft veel romans.
2 De schrijfster heeft twee huizen.
3 De lerares is erg aardig.
4 Dit is mijn secretaresse.
5 De vader van de studente heeft een boot.
6 De boerinnen zijn vriendelijk.
7 Zijn prinsessen altijd mooi?
8 De Engelse is ziek: zij heeft koorts.

12 *Translate the following into Dutch:*
1 These pears are expensive.
2 I have two dresses.
3 Are those novels dull?
4 The authoress has a lot of books.
5 Biographies are difficult.
6 The Dutch woman has two children.
7 Nurses are always kind.
8 The photographs of the lioness are very good.
9 The boys and girls are in the garden.
10 Are the roads good here?
11 Do you (singular) see those skirts in the shop window?
12 I have a book about ships and boats.
13 Is the teacher (f) very tired?
14 Aunts and uncles are nice.
15 Does the prince have a secretary (m)?

Drills

1 *Stimulus-response drill*
S Dit boek is saai.
R Deze boeken zijn ook saai.

S Deze roman is slecht.
R Deze romans zijn ook slecht.

S Deze weg is nieuw.
R Deze wegen zijn ook nieuw.

S Dit kind is aardig.
R Deze kinderen zijn ook aardig.
S Deze etalage is groot.
R Deze etalages zijn ook groot.
S Dit huis is klein.
R Deze huizen zijn ook klein.

2 Stimulus-response drill
S De leraar zit in de tuin.
R De lerares zit in de tuin.

S De bibliothekaris zit in de tuin.
R De bibliothekaresse zit in de tuin.

S De schrijver zit in de tuin.
R De schrijfster zit in de tuin.

S De boer zit in de tuin.
R De boerin zit in de tuin.

S De student zit in de tuin.
R De studente zit in de tuin.

S De telefonist zit in de tuin.
R De telefoniste zit in de tuin.

CONVERSATION

Een tevreden klant/a satisfied customer

Meneer de Bruin	**Goede morgen. Heeft u dat boek over de prinses?** Good morning. Have you got that book about the princess?
Bibliothekaresse	**Ik heb veel boeken over prinsessen.** I've got a lot of books about princesses.
Meneer de Bruin	**Deze is Engelse.** This one is English.
Bibliothekaresse	**Is het een biografie of een roman?** Is it a biography or a novel?
Meneer de Bruin	**Biografieën zijn saai.** Biographies are boring.
Bibliothekaresse	**Ook die over prinsen en prinsessen?** Even those about princes and princesses?
Meneer de Bruin	**Heeft u een roman over een prinses uit Engeland?** Do you have a novel about a princess from England?

Bibliothekaresse	**Jazeker, meneer. En de naam van de schrijver is . . .?** Yes indeed. And the writer's name is . . .?
Meneer de Bruin	**Weet ik veel? U bent de bibliothekaresse.** How do I know? You're the librarian.
Bibliothekaresse	**Dat is een beetje moeilijk, meneer.** That makes it a bit difficult.
Meneer de Bruin	**Luistert u eens. Het is niet voor mij. Het is voor mijn vrouw. Die is niet zo kieskeurig.** Listen here. It isn't for me. It's for my wife. She's not that fussy.
Bibliothekaresse	**Hier heeft u een biografie van een telefoniste. Is dat goed?** Here's a biography of a telephonist. All right?
Meneer de Bruin	**Ja. Alles is goed. Dag mevrouw.** Yes. Anything. Bye.

Lesson 5

17 Verbs – present tense

a) When a new verb is given, it will be in the infinitive form:

drinken (to drink)
wonen (to live)
liggen (to lie)

b) Students need to know the stem of the verb, which is formed by taking away the **-en** infinitive ending, as in:

drink-, woon-, lig-

SPELLING NOTE For verbs like **wonen** which require doubled vowels in closed syllables (for example in the stem **woon**) and verbs like **liggen** which require a double consonant in the infinitive and single consonant in the stem, remember to apply the spelling rules given in section 4, page 12.

c) The table below shows the present tense of **drinken** (to drink):

singular

ik drink	I drink
jij drinkt	you drink
u drinkt	you drink (formal)
hij drinkt	he drinks
zij drinkt	she drinks
het drinkt	it drinks

plural

wij drinken	we drink
jullie drinken	you drink
u drinkt	you drink (formal)
zij drinken	they drink

The first person singular consists of the stem with no ending. The second and third person singular add -t to the stem, and -en is added for all plural forms.

REMEMBER: when inversion (see section 7, page 17) occurs, the second person singular form drops its -t ending: this is the only form affected in this way:

Jij woont in Amsterdam. You live in Amsterdam. *But*:
Woon jij in Amsterdam? Do you live in Amsterdam?
Hij woont in Londen. He lives in London. *But*:
Woont hij in Londen? Does he live in London?

d) When the stem of a verb ends in -t, a second -t is never added in the singular of the present tense:

infinitive	*stem*	*3rd person singular*
zitten (to sit)	**zit**	**hij zit**
praten (to talk)	**praat**	**hij praat**

Verbs like **lezen** and **blijven** which have a z or a v before the infinitive ending, have s or f respectively in the stem and throughout the present tense singular, but not in the plural:

infinitive	*stem*	*3rd person sing.*	*3rd person plural*
lezen (to read)	**lees**	**hij leest**	**zij lezen**
blijven (to stay)	**blijf**	**hij blijft**	**zij blijven**

e) PRONUNCIATION NOTE When the stem of a verb ends in -d this is pronounced 't' (see section 13c, page 29). For example:

worden to become **word-** (pronounced 'wort'). The second and third person singular ending -t is added to the stem and the resulting -dt spells the sound 't': **hij wordt** (pronounced 'wort').

In spoken Dutch, verbs whose stem ends in -d preceded by either **ij** (e.g. **rijden**) or **ou** (e.g. **houden**) drop the -d in the first person singular and in the second person singular, only in the question form:

infinitive	*stem*	*1st person sing.*	*2nd person sing.*
rijden (to drive)	**rijd**	**ik rij(d)**	**rij(d) jij?**
houden (to hold)	**houd**	**ik hou(d)**	**hou(d) jij?**

The -d may be written, but it is not pronounced.

IMITATED PRONUNCIATION (17 a/c/d): drink-er; voh-ner; liHG-er; ick drink; yey *etc* drinkt; vey *etc* drink-er; zit-ter; hey zit; prah-ter; hey praht; lay-zer; hey layst; zey lay-zer; bley-fer; hey blayfft; zey bley-fer; vor-der; hey vort; rey-er; ick rey; rey yey; how-er; ick how; how yey.

18 Some useful verbs

a) komen to come
This verb has a change of vowel sound in the singular of the present tense. Although one would expect the stem to contain **oo**, it takes the form **kom**.

ik kom	**wij komen**
jij komt (kom jij?)	**jullie komen**
u komt (formal)	**u komt** (formal)
hij komt	**zij komen**

b) There are five monosyllabic verbs whose infinitives end in **-n**:

infinitive	*stem*
gaan (to go)	**ga**
staan (to stand)	**sta**
slaan (to hit)	**sla**
doen (to do)	**doe**
zien (to see)	**zie**

They form their present tense regularly in the singular and just add **-n** in the plural. Remember to apply the spelling rules to **gaan**, **staan** and **slaan**. For example:

ik ga	**wij gaan**
jij gaat (ga jij)	**jullie gaan**
u gaat	**u gaat**
hij gaat	**zij gaan**

IMITATED PRONUNCIATION (18): koh-mer; ick kom; yey *etc* komt; kom yey; vey *etc* koh-mer; HGahn; stahn; slahn; doon; zeen; ick HGah; yey *etc* HGaht; HGah yey; vey *etc* HGahn.

19 Questions

a) To ask a question in Dutch simply switch around the subject and the verb. There is no equivalent to the English construction with 'do'. So

drinkt u? is the same as saying 'do you drink?'.

b) English has two kinds of present tense where Dutch has only one:

hij drinkt can mean 'he drinks' or 'he is drinking'.
Similarly **drinkt u?** can mean 'do you drink?' or 'are you drinking?'.

c) Questions are also introduced by **waar** (where), **wat** (what), **wie** (who), **hoe** (how), **waarom** (why) and **wanneer** (when). Inversion still occurs:

Waar woont hij? Where does he live?
Wat drink je? What are you drinking?
Wie is die man? Who is that man?
Hoe maakt u het? How do you do?
Waarom doe je dat? Why are you doing that?
Wanneer komt hij? When is he coming?

To ask 'where . . . to?' Dutch adds **naartoe** to the end of a where-question:

Waar ga je naartoe? Where are you going (to)?

Similarly 'where . . . from?' is rendered in Dutch by adding **vandaan** to a where-question:

Waar komt hij vandaan? Where does he come from?

d) **Welk** and **welke** introduce which-questions. **Welk** is used in front of **het**-nouns. For example:

Welk huis bedoel je? Which house do you mean?

Welke is used before **de**-nouns. For example:

Welke jurk bedoel je? Which dress do you mean?
Welke huizen bedoel je? Which houses do you mean?

IMITATED PRONUNCIATION (19c/d): vahr; vat; vee; hoo; vah-'rom;
van-nayr; nahr-'too; fan-'dahn; welk; wel-ker.

Vocabulary

achter	behind
het bezoek	visit
op bezoek	on a visit
het bier	beer
denken	think
echt	real/really
het feest	party
gezellig	pleasant
het glas	glass
houden van	like, love
het i'dee	idea
ja'wel	oh yes, yes indeed
kennen	know, be acquainted with
leuk	nice
maken	make
na	after
naar	to
naar huis	home
nooit	never
het restau'rant	restaurant
reuzegezellig	great fun
thuis	at home
uit	from, out of
van'avond	this evening
vinden	find
Hoe vind je . . .?	What do you think of . . .?
voor	for
vóór (stressed)	in front of
de wijn	wine
zo	so

IMITATED PRONUNCIATION: aHG-ter; ber-'zook; beer; den-ker; eHGt;
ffayst; HGer-'zel-lerHG; HGlas; how-er fan; ee-'day; yah-'vel;
ken-ner; lERk; mah-ker; nah; nahr; nahr howss; noy-eet;
res-toh-'rahn; 'rER-zer-ger-'zel-lerHG; towss; owt; fan-'ah-font;
fin-der; hoo fint yer; fohr; foohr; veyn; zoh.

Exercises

13 *Write down the first and third person singular of the following verbs:*
1 liggen 2 wonen 3 praten 4 drinken 5 worden 6 zitten
7 rijden 8 komen 9 slaan 10 zien 11 houden 12 gaan

14 *Translate the following sentences into English:*
1 Wij wonen in Londen.
2 Waar woon jij?
3 Hij ligt in bed.
4 Drinken jullie veel bier?
5 Ik vind het feest erg gezellig.
6 Zij zitten in de tuin achter het huis.
7 Zij praat veel.
8 Wie woont in dat huis?
9 Wij houden van feesten.
10 Hoe vindt u de wijn in dit restaurant?

15 *Translate the following sentences into English:*
1 Waar gaan de studenten naartoe?
2 Zie je die kinderen daar?
3 Zij staan vóór het huis.
4 Ik kom uit Londen.
5 Waar komen jullie vandaan?
6 Wat doen we vanavond?
7 Gaat u altijd naar dat restaurant?
8 Zij ziet de buurvrouw in de bus.
9 Dag. Ik ga naar huis.
10 Deze jongen slaat de hond altijd, maar die doet het nooit.

16 *Translate the following sentences into Dutch:*
1 What are you (singular) doing after the party?
2 I am going home.
3 Where do they come from?
4 We live in that house.
5 Why are you (plural) sitting in the garden?
6 I am reading a book.
7 Do you (formal) know Amsterdam?
8 She is staying at home.
9 What do the children drink?
10 Who is standing over there?

11 The librarian loves parties.
12 You (singular) are talking a lot this evening.

Drills

1 *Substitution drill. Substitute the word on the far right for the word in* **bold** *type and alter the verb where necessary. Remember to keep the next line covered*

Hij ligt in de tuin.	jullie
Jullie liggen in de tuin.	ik
Ik lig in de tuin.	jij
Jij ligt in de tuin.	wij
Wij liggen in de tuin.	zij (plural)
Zij **liggen** in de tuin.	zitten
Zij zitten in de tuin.	jij
Jij zit in de tuin.	wij
Wij zitten in de tuin.	zij (singular)
Zij zit in de tuin.	

2 *Stimulus-response drill*
S Drinkt u altijd bier?
R Ja, ik drink altijd bier.

S Woont u hier in Amsterdam?
R Ja, ik woon hier in Amsterdam.

S Houdt u van feesten?
R Ja, ik houd van feesten.

S Praat u veel?
R Ja, ik praat veel.

S Ziet u de kinderen?
R Ja, ik zie de kinderen.

S Gaat u naar huis?
R Ja, ik ga naar huis.

S Vindt u de tuin mooi?
R Ja, ik vind de tuin mooi.

S Kent u de bibliothekaresse?
R Ja, ik ken de bibliothekaresse.

CONVERSATION

Snel gedaan/quick work

Anneke	**Dag Lies, hoe gaat het?** Hello Lies. How are things?
Lies	**Heel goed, dank je. Ken je meneer de Groot?** Fine, thanks. Do you know Mr de Groot?
Anneke	**Ik denk het niet. Dag meneer de Groot. Anneke Smeets.** I don't think so. Hello, Mr de Groot. I'm Anneke Smeets.
Ton	**Dag mevrouw Smeets. Hoe maakt u het?** Hello, Ms Smeets. How do you do?
Lies	**Meneer de Groot woont niet hier in Amsterdam. Hij woont in Leiden.** Mr. de Groot doesn't live here in Amsterdam. He lives in Leiden.
Anneke	**Wat leuk! Ik vind Leiden zo mooi. Hoe vindt u het feest?** How nice. I think Leiden is so lovely. What do you think of the party?
Ton	**Reuzegezellig, hoor.** Oh great fun.
Lies	**Wat drinken jullie?** What are you drinking?
Anneke	**Ik een glas wijn.** A glass of wine for me.
Ton	**En ik een bier, alstublieft.** And a beer for me, please.
Lies	**Ik ben zo terug.** I won't be long.
Ton	**Zeg Anneke, vind je Leiden echt zo leuk?** Listen Anneke, do you really think Leiden is that nice?
Anneke	**Jazeker.** Yes, of course.
Ton	**Waarom kom je dan niet op bezoek?** Why don't you come for a visit, then?
Anneke	**Goed idee, meneer de Groot.** Good idea, Mr de Groot.
Ton	**Mijn naam is Ton. Wanneer kom je?** My name is Ton. When are you coming?
Anneke	**Vanavond na het feest? Gaan we?** This evening after the party? Shall we go?
Lies	**Hier ben ik . . .** Here I am . . .
Ton and Anneke	**Dag!** 'Bye!

Lesson 6

20 Commands

a) The form of the verb used to give an order is the stem. For example:

Drink!　　**Ga!**　　**Blijf!**

This can be used for all second persons – **jij, jullie** and **u** – unless one wishes to be especially polite. In this case the **u**-form of the verb is used with inversion. For example:

Komt u binnen! Come in!
Blijft u hier! Stay here!

b) An impersonal command can be given by using the infinitive:

Niet roken. Do not smoke.
Doorlopen. Move on.

21 Word order

a) The words in a Dutch sentence are arranged differently from the words in an English sentence. The main verb must always be the SECOND item in the sentence:

Het meisje gaat vanavond met de trein naar huis.
The girl is going home by train this evening.

Items can consist of more than one word. Where the verb is followed by an expression telling when (TIME: item 3), an expression telling how (MANNER: item 4) and an expression telling where (PLACE: item 5) the action takes place, the items always occur in this order. So, of the three – time, manner and place – 'time' is always first and 'place' last.

45

b) It is possible to start a sentence with items other than the subject, for example an expression of time:

1   2   3   4   5

Vanavond gaat het meisje met de trein naar huis.

Notice that **het meisje**, the subject of the sentence, is now item 3 because the verb must remain second; but time (**vanavond**) manner (**met de trein**) and place (**naar huis**) remain in the 'time, manner, place' order.

22 Negation and word order in negation

a) The Dutch for 'no' is **nee,** and 'not' is **niet.**

Nee, ik drink niet. No, I don't drink.

Note that **nee** is tagged on to the front of the sentence and does not affect word order.

b) The position of **niet** varies. It often comes at the end of the sentence:

Ik zie de man niet. I can't see the man.
Zij komt vanavond niet. She is not coming this evening.

Niet always precedes:
1) a preposition, as in:

Hij woont niet in Amsterdam. He doesn't live in Amsterdam.

2) an adjective which follows the noun:

Het huis is niet groot. The house is not large.

3) **binnen** (inside), **buiten** (outside), **beneden** (downstairs), **boven** (upstairs) and **thuis** (at home). For example:

De kinderen spelen niet boven. The children are not playing upstairs.

c) **Geen** combines an element of negation with an indefinite article. So

Ik heb een pen. I have a pen

is negated thus:

Ik heb geen pen. I haven't a pen.

Things which cannot be counted like **water, bier, wijn** are also negated using **geen.** So:

Ik drink wijn. I drink wine

becomes

Ik drink geen wijn. I don't drink wine.

IMITATED PRONUNCIATION (22): nay; neet; bin-ner; bow-ter; ber-'nay-der; boh-ver; towss; HGayn.

23 Use of the definite article

a) As a general rule, the definite article **de** or **het** is used more frequently in Dutch than in English.
It is often used before abstract nouns where this is not the case in English. For example:

De klassieke literatuur. Classical literature.
Hij is hoogleraar in de geschiedenis. He is a professor of history.
De liefde is blind. Love is blind.
Het leven is moeilijk. Life is hard.

It is always used before the names of the seasons:

Ik houd meer van de zomer dan van de winter. I like summer more than winter.
In de herfst or **In het najaar.** In autumn.
In de lente or **In het voorjaar.** In spring.

It is always used before street names:

Ik woon in de Julianastraat. I live in Juliana Street.
De tram stopt op het Rembrandtsplein. The tram stops in Rembrandt Square.

It is not possible to predict when the definite article will be used, but students should listen out for Dutch idioms containing **de** or **het** where English has no article. A few are given below:

in het Nederlands	in Dutch
in de stad	in town
in het zwart	in black
met de auto	by car
met de tijd	in time, with time

b) There are some common idioms which do not contain a definite article in Dutch, but which do in English. A few are listed below to give the student some idea of what to look out for:

op tafel	on the table
in zee	in the sea
op kantoor	at the office
in bad	in the bath
op straat	in the street

IMITATED PRONUNCIATION (23): klas-'seek-er; lit-er-ah-'tEEr; hohHG-'lay-rahr; HGer-'sHGee-der-niss; leeff-der; blint; lay-fer; moo'ee-lerk; zoh-mer; hehrfst; nah-yahr; len-ter; fohr-yahr; zwart; ow-toh; teyt.

Vocabulary

anders	otherwise
het bad	bath
beloven	promise
het Engels	English
eten	eat
de fiets	bicycle
gevaarlijk	dangerous
het kan'toor	office
laten	let, leave
de mens	person (*also*: man)
met	with, by
morgen	tomorrow
het Nederlands	Dutch
op	on, in

de poes	cat
poesje	pussy
de rust	rest, peace
spelen	play
het strand	beach
stoppen	stop
stu'deren	study
de tafel	table
van'daag	today
het vlees	meat
wees!	be! (irregular imperative of **zijn**)
weten	know (a fact)
de zee	sea
zoet	sweet, good
zwemmen	swim

IMITATED PRONUNCIATION: an-derss; bat; ber-'loh-ver; eng-erls; ay-ter; ffeets; HGer-'fahr-lerk; kan-'tohr; lah-ter; menss; met; mor-HGer; nay-der-lants; op; pooss; pooss-yer; rerst; spay-ler; strant; stop-per; stEE-'day-rer; tahf-ferl; fan-'daHG; flayss; vayss; vay-ter; zay; zoot; zvem-mer.

niet waar is tagged on to the end of a statement to turn it into a question. It is the equivalent of the English tag 'doesn't he?' etc:

Hij woont daar, niet waar? He lives there, doesn't he?
Zij komt morgen, niet waar? She's coming tomorrow, isn't she?

graag can be used with any verb to mean 'like':

Ik zwem graag. I like swimming.
Ik speel graag. I like playing.

Exercises

17 *Translate the following sentences into English:*
1 Lees dat boek.
2 Maar ik houd niet van romans.
3 Die mensen hebben geen auto.
4 Zij komt niet met de fiets: zij komt met de tram.

5 Jullie eten geen vlees, niet waar?

6 Weet u dat echt niet?

7 De kinderen spelen niet op straat.

8 Morgen gaan wij met de trein naar het strand.

9 Deze bus stopt niet in de Beatrixstraat.

10 In de zomer zit ik graag in de tuin.

18 *Rearrange the following sentences to start with the subject:*

1 Morgen gaan wij naar huis.

2 In de winter zwem ik niet in zee.

3 Vandaag komt de Engelsman op bezoek.

4 Hier zit ze altijd.

5 Daar wonen zij, niet waar?

6 In de zomer spelen de jongens graag buiten.

7 Nee, vanavond blijf ik niet thuis.

8 Dat weet ik niet.

9 Op het Koningsplein stopt de tram niet.

10 Aardig is die man niet.

19 *Translate the following sentences into Dutch:*

1 Do that.

2 Don't do that.

3 Stay here.

4 He is at the office.

5 We are going to Amsterdam by train.

6 She is reading that book in Dutch.

7 They aren't coming to the party this evening.

8 He is a professor of history, isn't he?

9 No, I am not a professor of history.

10 Don't you (plural) drink wine?

11 That bus doesn't stop here.

12 I like lying in the bath.

13 The cat is not upstairs.

14 Haven't they got a garden?

15 Don't play in the street: it's too dangerous.

Drills

1 *Stimulus-response drill*
S Heeft u een auto?
R Nee, ik heb geen auto.

S Heeft u een poes?
R Nee, ik heb geen poes.

S Heeft u kinderen?
R Nee, ik heb geen kinderen.

S Heeft u een fiets?
R Nee, ik heb geen fiets.

S Eet u vlees?
R Nee, ik eet geen vlees.

S Drinkt u bier?
R Nee, ik drink geen bier.

S Heeft u buren?
R Nee, ik heb geen buren.

2 *Stimulus-response drill*
S Gaat u met de trein?
R Nee, ik ga niet met de trein.

S Woont u in Amsterdam?
R Nee, ik woon niet in Amsterdam.

S Speelt hij met de poes?
R Nee, hij speelt niet met de poes.

S Blijft zij morgen thuis?
R Nee, zij blijft morgen niet thuis.

S Is deze roman goed?
R Nee, deze roman is niet goed.

S Gaan wij morgen met de auto?
R Nee, wij gaan morgen niet met de auto.

S Is de buurman aardig?
R Nee, de buurman is niet aardig.

CONVERSATION

De kleine tiran/the little tyrant

Nicolaas	**Mamma, waar is pappa?** Mummy, where is daddy?
Mamma	**Op kantoor, natuurlijk. Ga maar even naar buiten. Speel met poesje in de tuin.** At the office, of course. Run along outside. Play with pussy in the garden.
Nicolaas	**Maar waarom niet op straat? Met de jongens.** But why not in the street, with the boys?
Mamma	**Dat is veel te gevaarlijk. Dat weet je.** That's much too dangerous. You know that.
Nicolaas	**Gaat pappa met de auto?** Does daddy go by car?
Mamma	**Nee, hij gaat niet met de auto, hij gaat altijd op de fiets. Dat *weet* je toch?** No he doesn't go by car, he always goes by bike. You *know* that.
Nicolaas	**Gaan *wij* met de auto, mam?** Are *we* going by car, mum?
Mamma	**Waarnaartoe?** Where to?
Nicolaas	**Naar het strand?** To the seaside?
Mamma	**Maar ik heb geen tijd, jongen. Morgen misschien.** But I haven't any time, dear. Tomorrow perhaps.
Nicolaas	**Rijden we morgen met de auto naar het strand? Beloof je dat?** Are we driving to the beach tomorrow by car? Do you promise?
Mamma	**Ja. Ik beloof het. Wees vandaag dan maar zoet, anders gaan we niet. Afgesproken?** Yes. I promise. But just you be good today, otherwise we won't go. Agreed?
Nicolaas	**Mamma, ik speel graag in de tuin, maar ik ga niet graag in bad en morgen zwem ik in zee, dus . . .** Mummy, I like playing in the garden, but I don't like going in the bath and tomorrow I'll be swimming in the sea, so . . .
Mamma	**Vanavond geen bad. Laat me nu maar met rust – en niet zeuren!** No bath tonight. Just leave me in peace now, and don't go on.
Nicolaas	**Kom maar, poesje!** Come on, puss!

Lesson 7

24 Object pronouns

a) In section 5 the subject pronouns were introduced in both their stressed and unstressed forms. The table below shows the stressed object pronouns followed by their unstressed forms. Brackets indicate a form which is spoken, not written.

singular	*stressed*	*unstressed*	
1st person	**mij**	**me**	me
2nd person	**jou**	**je**	you
2nd person (formal)	**u**		you
3rd person	**hem**	(**'m**)	him
	haar	(**d'r**)	her
	het	(**'t**)	it

plural	*stressed*	*unstressed*	
1st person	**ons**		us
2nd person	**jullie**	(**je**)	you
2nd person (formal)	**u**		you
3rd person	**hun** or **hen**	(**ze**)	them

The unstressed forms are used in speech unless emphasis is needed. The third person plural pronoun has two stressed forms for referring to *people only*. In writing, **hen** is used for direct objects and preposition objects, and **hun** for indirect objects (see below). The unstressed **ze** is the *only* possible pronoun for referring to things. An important difference between Dutch and English is that **hij** and **hem** (and occasionally **zij** and **haar**) refer to things as well as people. This is because **het** is only used to refer to neuter nouns. So **het boek** is referred to thus:

De jongen leest het. The boy is reading it.

Hij and **hem** are used to refer to common nouns. So **de pen** is referred to thus:

De jongen heeft hem. The boy's got it.

<small>IMITATED PRONUNCIATION</small> (24a): mey; me*r*; yow; ye*r*; <small>EE</small>; hemm; 'e*r*m; hahr; d'r; het; e*r*t; onss; ye*r*l-lee; ye*r*; he*r*n; hen; ze*r*.

b) The *subject* of a sentence performs the action denoted by the verb and the *direct object* has that action performed on it. In the sentence:

De jongen ziet de buren. The boy sees the neighbours,

the boy is subject, the neighbours direct object. If pronouns are substituted for the nouns, the following sentence is produced:

Hij ziet hen. He sees them.

In the case of the third person plural object pronoun, it is necessary to identify the *indirect object*. In the sentence:

De jongen geeft de buren een taart. The boy gives the neighbours a cake,

what the boy gives is the *direct object*, i.e. the cake. He gives it *to* the neighbours who are therefore the *indirect object*. This time when pronouns are substituted, **hun** is required:

Hij geeft hun een taart. He gives them a cake.

c) The following are examples of Dutch prepositions already encountered:

met, naar, voor, achter, in.

When referring to people after a preposition, the object form of the pronoun is used. It becomes the preposition object:

Wij doen het voor haar. We are doing it for her.
Zij komt met hen. She's coming with them.
Geef het aan mij. Give it to me.

The personal pronoun is *not* used in Dutch if the preposition object is a thing. Instead **er** is attached to the front of the preposition. So to refer to **het huis**, for example, Dutch says:

Zij staan ervoor. They are standing in front of it.

Similarly, referring to **de bal**, Dutch says:

Hij speelt ermee. He is playing with it.

NOTE that **met** changes to **mee** in this construction.

25 Reflexive pronouns

	singular	
1st person	**me**	myself
2nd person	**je**	yourself
2nd person (formal)	**zich/u**	yourself
3rd person	**zich**	himself
		herself
		itself

	plural	
1st person	**ons**	ourselves
2nd person	**je**	yourselves
2nd person (formal)	**zich/u**	yourselves
3rd person	**zich**	themselves

The reflexive pronoun is used when the preposition object is the same as the subject of the sentence. In this case the -self is omitted in the English translation:

Heeft hij geld bij zich? Has he got any money on him?
Heb je een pen bij je? Have you got a pen with you?

IMITATED PRONUNCIATION (25): me*r*; ye*r*; ziHG; EE; onss.

26 Reflexive verbs

a) In Dutch, when the action of a verb is being performed on the subject, an object must be supplied in the form of a reflexive pronoun. In English, verbs of this type do not need an object (e.g. 'she is washing') but, in Dutch, with such a verb **zich** is required:

Zij wast zich.

In Dutch, **-zelf** is added to the reflexive pronoun for emphasis. Thus:

Zij wast zichzelf.

Note that the polite form has two possibilities, so 'are you having a wash?' is translated as:

Wast u zich? *or*
Wast u u?

b) There are several verbs like **zich wassen** which always have a reflexive pronoun as object if no other object is present, and a few (indicated thus *) which have both. Some useful ones are:

zich amu'seren	amuse oneself, enjoy oneself
zich gedragen	behave
zich haasten	hurry
zich herinneren*	remember
zich verbazen	be amazed
zich verbeelden*	imagine
zich vergissen	be mistaken, be wrong
zich vervelen	be bored
zich voelen	feel

IMITATED PRONUNCIATION (26b): ziHG . . . am-'mEE-say-rer; HGer-'drah-HGer; hahss-ter; heh-'rin-er-rer; fer-'bah-zer; fer-'bayl-der; fer-'HGis-ser; fer-'fay-ler; foo-ler.

Vocabulary

aan	to, at
afrekenen	pay the bill
de appeltaart	apple cake
het ca'deau	present
het ca'deautje	small present
druk	busy
ik heb het druk	I am busy
eigenlijk	actually
fris	fresh, refreshing
geven	give
de koffie	coffee
kopen	buy

het kopje	cup
krijgen	receive, get
lekker	nice, tasty
me'teen	immediately
de middag	afternoon, midday
nemen	take
niets	nothing
nog een	another
de ober	waiter
ook nog	as well
ontzettend	awful, awfully
smaken	taste
het stuk	piece
het ter'rasje	terrace
de thee	tea
van	of, from
de zon	sun

IMITATED PRONUNCIATION: 'af-ray-ker-ner; ap-perl-tahrt; kah-'doh;
kah-'doht-yer; drerk; ey-HGer-lerk; ffriss; HGay-fer; koff-ee; koh-per;
kop-yer; krey-HGer; leck-ker; met-'ayn; mid-daHG; nay-mer; neets;
noHG ayn; oh-ber; ohk noHG; ont-'zet-tent; smah-ker; stehrk;
teh-'rass-yer; tay; fan; zon.

Exercises

20 *Translate the following sentences into English:*
1 Zij zien ons altijd in het café.
2 Geef mij een kopje thee.
3 Hier is de brief. Zij krijgt hem morgen.
4 Wij doen het voor jou.
5 Hij geeft het cadeau aan haar.
6 Daar zijn de buurkinderen. De poes speelt graag met hen.
7 De boeken liggen op tafel. Zie je ze?
8 Ligt de tuin achter het huis? Nee, hij ligt ervoor.
9 Wat doe je met die fiets? Ik rijd ermee naar de stad.
10 Wat doet het meisje met de pen? Zij schrijft ermee.

21 *Translate the following into English:*
1 Zij heeft de kinderen bij zich.
2 Zij hebben veel geld bij zich.

3 Heeft u een paraplu bij u?
4 Wij hebben geen foto's bij ons.
5 Voel je je moe?
6 Hij verveelt zich op kantoor.
7 Jullie amuseren je op het feest, niet waar?
8 Wij haasten ons niet.
9 Houdt ze niet van appeltaart? Ik verbaas me.
10 Was je meteen!

22 *Translate the following sentences into Dutch:*
  1 We always see you (plural) in the bus.
  2 That apple cake is tasty. Where do you (singular) buy it?
  3 How do you (formal) feel?
  4 The children are giving us a present.
  5 Give that cup of coffee to me.
  6 There is the car – do you (singular) see it?
  7 We are eating with them.
  8 I give you (singular) the pen and you write with it.
  9 There is the librarian. Do you (plural) know her?
10 The children are behaving well.
11 You (formal) like novels, don't you? Do you always read them?
12 Have you (plural) any money with you?
13 She is having a wash upstairs.
14 We are enjoying ourselves here on the terrace in front of the café.
15 I remember that man.

Drills

1 *Stimulus-response drill*
S Dit is het buurmeisje.
R Ken je haar?

S Dit is de buurman.
R Ken je hem?

S Dit is de leraar.
R Ken je hem?

S Dit zijn de buren?
R Ken je ze?

S Dit is de schrijfster.
R Ken je haar?

S Dit zijn de leraren.
R Ken je ze?
S Dit is de student.
R Ken je hem?

2 *Stimulus-response drill*
S Waar is het boek?
R Ik heb het.

S Waar zijn de kopjes?
R Ik heb ze.
S Waar is de paraplu?
R Ik heb hem.
S Waar is het geld?
R Ik heb het.
S Waar is dat glas?
R Ik heb het.
S Waar is die brief?
R Ik heb hem.

3 *Substitution drill. Substitute the word on the right for the word in* **bold** *type. Remember to make any other necessary changes.*

Ik verveel me   **zij** (singular)
Zij verveelt zich   **wij**
Wij vervelen ons   **jullie**
Jullie vervelen je   **jij**
Jij verveelt je   **zij** (plural)
Zij vervelen zich   **hij**
Hij verveelt zich   **u**
U verveelt zich

CONVERSATION

De klaploper/the freeloader

   Marie **Wat neem je?** What are you having?
   Maarten **Een thee en een stukje appeltaart, graag.** A tea and a small piece of apple cake, please.

Marie	**Ober, één thee en één koffie en twee stukken appeltaart, alstublieft. Zo, Maarten, gefeliciteerd met je verjaardag.** Waiter. One tea and one coffee, and two pieces of apple cake, please. Well, Maarten, happy birthday.
Maarten	**Dank je wel. En bedankt ook nog voor het cadeautje. Erg aardig van je.** Thank you. And thanks for the present as well. It's very nice of you.
Marie	**Niets te danken, hoor. Ik geef graag cadeaus.** Not at all. I like giving presents.
Maarten	**En ik krijg ze graag! Dit is ook een goed idee van jou. Ik voel me zo lekker hier op het terrasje in de zon.** And I like getting them! This is a good idea of yours too. I love it here on the terrace in the sun.
Marie	**Hier is de ober. Dank u wel. . . . Smaakt het? Ja, ik zie het. Nog een stuk?** Here's the waiter. Thank you . . . Is it nice? I can see it is. Another piece?
Maarten	**Ja, graag. Ik vond het erg lekker.** Yes please. It was very tasty.
Marie	**Ober, nog een stuk taart voor meneer.** Waiter, another piece of cake for the gentleman.
Maarten	**Met slagroom.** With whipped cream.
Marie	**Met slagroom, dus . . . Voor mij? . . . Niets, dank u. Ik eet nooit veel bij de thee. En nog een kopje thee voor meneer.** With whipped cream, then . . . For me? . . . Nothing, thank you. I never eat much at tea-time. And another cup of tea for the gentleman.
Maarten	**Met citroen deze keer. Het smaakt lekker fris zo.** With lemon this time. It's nice and refreshing like that.
Marie	**Dat is alles. Amuseer je je?** That's all. Are you enjoying yourself?
Maarten	**Ik vind dit café zo gezellig – ik blijf de hele middag hier.** I think this café's great – I'm going to stay here all afternoon.
Marie	**O ja? Ik heb het eigenlijk erg druk. Wat jammer! Ober, ik reken meteen af.** Really? Actually, I'm very busy. Such a pity. Waiter, I'll pay right away.

Lesson 8

27 Possessive adjectives

singular	stressed	unstressed	
1st person	mijn	(m'n)	my
2nd person	jouw	je	your
2nd person (formal)	uw		your
3rd person	zijn	(z'n)	his/its
	haar	(d'r)	her

plural	stressed	unstressed	
1st person	ons/onze		our
2nd person	jullie	je	your
2nd person (formal)	uw		your
3rd person	hun	(d'r)	their

The first person plural pronoun has two stressed forms. **Ons** is used before neuter singular nouns:

Dat is ons huis. That is our house.

Onze is used before plural neuter nouns and common nouns:

Dit zijn onze boeken. These are our books.
Dit is onze poes. This is our cat.
Dit zijn onze poezen. These are our cats.

PRONUNCIATION NOTE **uw** is pronounced like **u** followed by the Dutch sound spelt **oe** as in **boek**.

28 Means of expressing possession

a) Dutch, like English, uses a possessive adjective in front of a noun.

Dit is mijn paraplu. This is my umbrella.
Dat is jullie auto. That is your car.

b) Dutch has several ways of expressing the English 's, as used, for instance, in 'John's book'.

-s is added to proper names; and to members of the family:

Jans boek. John's book.

Moeders boek. Mother's book.

The most common method uses the preposition **van**.

Het boek van Jan. John's book.

Het kind van de buren. The neighbours' child.

De auto van mijn zuster. My sister's car.

If in doubt, use the '*van*'-construction.

The student will also hear the more colloquial – not usually written – construction:

Jan z'n boek. Jan's book.

Mijn zus d'r auto. My sister's car.

c) Dutch has two ways of expressing the English possessive pronouns (or independent possessives) 'mine', 'yours' etc. The more common and more informal method uses **die/dat** + **van** + object pronoun.

Die is used to refer to common nouns and plural neuter nouns:

Heeft u een pen? Die van mij ligt thuis. Do you have a pen? Mine's at home.

Dat is used to refer to neuter singular nouns:

Mijn huis is klein: dat van hem is erg groot. My house is small: his is very large.

Note that **die** and **dat** are omitted when the noun is present:

Die pen is van mij. That pen is mine.

Note that English 'of mine' etc. is translated into Dutch by **van** + object pronoun:

Vrienden van ons. Friends of ours.

The second, more formal way uses the appropriate definite article followed by a possessive pronoun which has the ending -e (always pronounced weak – see section 3iv).

De is used to refer to common nouns and plural neuter nouns:

Heeft u een pen? De mijne ligt thuis. Do you have a pen? Mine is at home.

Het is used to refer to neuter singular nouns:

Mijn huis is klein: het zijne is erg groot. My house is small: his is very large.

This construction is not possible with the second person plural possessive pronoun **jullie.**

29 Staan, liggen, zitten

These verbs are often used in Dutch where English simply says 'is', to indicate the position of an object.

When an object is in an upright position **staan** is used. For example:

De auto staat voor het huis. The car is in front of the house.
Het boek staat in de boekenkast. The book is in the book case.

When an object is lying down **liggen** is used. For example:

De krant ligt op tafel. The newspaper is on the table.
De pen ligt op de grond. The pen is on the floor.

When an object is inside something **zitten** is used. For example:

De pen zit in de tas. The pen is in the bag.

It is important that the student bear in mind that there is not one translation of the English verb 'to be' in Dutch, but *four* possible translations: **zijn, staan, liggen** and **zitten.**

Vocabulary

al	already
de broer	brother
de dochter	daughter
dragen	carry
geloven	believe, think

haast hebben	be in a hurry
de ingang	entrance
de kaart	ticket
klaar	ready
de koffer	suitcase
de krant	newspaper
het kwar'tier	quarter, quarter of an hour
het lo'ket	ticket office, ticket window
de man	man, husband
nodig hebben	need
over	over, above, in
het pakje	packet
het perron	platform
het re'tourtje	return ticket
de siga'ret	cigarette
het spoor	track
spoor vijf	platform five
de tas	bag
vaak	often
vergeten	forget
vertrekken	depart
volgens	according to
de vriend	friend, boyfriend
de vrouw	woman, wife
de wc	lavatory, loo, etc.
zoeken	look for
de zoon	son
zwaar	heavy

Exercises

23 *Translate the following sentences into English, and then substitute the formal independent possessive (het mijne etc) for the construction with van:*

1 Deze auto is van ons.
2 Deze boeken zijn van hen.
3 Dit stuk taart is van haar.
4 Die fietsen zijn van ons.
5 Dit kopje thee is van jou.
6 Deze krant is van mij.
7 Die paraplu is van u.
8 Dat geld is van hem.

24 *Translate the following sentences into English:*
1 Kent u mijn man?
2 Zijn vrouw is erg aardig.
3 Uw krant ligt op tafel.
4 Heb jij je paraplu bij je?
5 Haar schoenen liggen op de grond.
6 Onze koffers staan daar op het perron.
7 Ik vind hun tuin erg mooi.
8 Waar staat jullie auto?

25 *Translate the following into English:*
1 Ik ben met mijn moeders auto vanavond.
2 Haar broers vriendin komt uit Utrecht.
3 De poes van de buren speelt in onze tuin.
4 Hij heeft de fiets van zijn zus.
5 Zij hebben geld nodig.
6 Heeft u geen sigaretten? Neemt u die van mij.
7 Dat boek van jou ligt op de stoel.
8 Ik zoek een tas. Waar is die van jullie?
9 Heeft hij geen krant? Waarom neemt hij die van ons niet?
10 Die taart van haar is ontzettend lekker.

26 *Translate the following sentences into Dutch:*
1 Here are your (singular) cigarettes.
2 My case is over there.
3 Do you (plural) know their daughter?
4 Are those children hers?
5 Our house is much too big for us.
6 We've got your (formal) train tickets. Who has ours?
7 His wife is very kind. Do you (singular) know her?
8 Her children often play with mine.
9 Are those shoes on the floor yours (plural)?
10 Do you (singular) only have one case? Carry that bag of his then please.

Drills

1 *Stimulus-response drill*
S Is dit boek van jou?
R Ja, het is mijn boek.

S Is deze pen van mij?
R Ja, het is jouw pen.

S Is deze paraplu van hen?
R Ja, het is hun paraplu.

S Zijn deze koffers van ons?
R Ja, het zijn jullie koffers.

S Is deze tas van haar?
R Ja, het is haar tas.

S Zijn deze kranten van hem?
R Ja, het zijn zijn kranten.

S Is dit pakje sigaretten van ons?
R Ja, het is jullie pakje sigaretten.

2 *Stimulus-response drill*
S Ik heb een pen nodig.
R Neem die van mij.

S Ik heb geld nodig.
R Neem dat van mij.

S Wij hebben een paraplu nodig.
R Neem die van mij.

S Wij hebben kaarten nodig.
R Neem die van mij.

S Ik heb een glas nodig.
R Neem dat van mij.

S Wij hebben twee koffers nodig.
R Neem die van mij.

S Ik heb een tas nodig.
R Neem die van mij.

CONVERSATION

Te laat!/too late!

Mevr Schoenmaker	**Ik heb de treinkaarten. Twee retourtjes naar den Haag. Volgens de man achter het loket vertrekt de trein over een kwartier van spoor vijf.** I've got the train tickets. Two returns to The Hague. According to the man behind the ticket window, the train leaves in a quarter of an hour from platform 5.
Meneer Schoenmaker	**Goed zo. Ik ga even naar de wc. Weet jij waar die is?** Right. I'm just going to the loo. Do you know where it is?
Mevr Schoenmaker	**Ja. Daar bij de ingang. Ik blijf hier bij de koffers.** Yes. Over there by the entrance. I'm staying here with the cases.
Meneer Schoenmaker	**Ik ben zo terug.** I won't be a minute.
Mevr Schoenmaker	**Klaar?** Ready?
Meneer Schoenmaker	**Ik koop eerst even een krant.** I'm just going to buy a newspaper first.
Mevr Schoenmaker	**Waarom lees je die van mij niet? Ik heb ook een boek bij me.** Why don't you read mine? I've got a book with me too.
Meneer Schoenmaker	**Ja, goed. Maar ik heb een pakje sigaretten nodig.** All right. But I need a packet of cigarettes.
Mevr Schoenmaker	**Heb je nu alles? Gaan we naar het perron?** Have you got everything now? Shall we go to the platform?
Meneer Schoenmaker	**Is deze koffer van mij of van jou? Hij is erg zwaar.** Is this case mine or yours? It's very heavy.
Mevr Schoenmaker	**Die is van jou, geloof ik. Neem jij hem maar en schiet op! We hebben haast.** It's yours, I think. You take it, and get a move on. We're in a hurry.
Meneer Schoenmaker	**Vergeet je tas niet! O, wat is deze zwaar.** Don't forget your bag! Oh, this one's so heavy.
Mevr Schoenmaker	**Daar heb je spoor 5 en daar staat onze trein.**

	Waarom haast je je niet? There's platform 5 and there's our train. Why don't you hurry?
Meneer Schoenmaker	**Draag jij dan deze koffer. Ik stop even.** You carry this case, then. I'm stopping for a minute.
Mevr Schoenmaker	**Geef hem aan mij en neem de mijne.** Give it to me and take mine.
Meneer Schoenmaker	**Ik zie de trein niet. Hij is er toch nog niet.** I can't see the train. It isn't there yet after all.
Mevr Schoenmaker	**Hij is al weg! Idioot!** It's gone, you idiot!

Lesson 9

30 Perfect tense

a) This tense of the verb is used when speaking of events which happened in the past. It is the most frequently used past tense in Dutch and translates both the English perfect tense and simple past tense. So:

Ik heb een foto gemaakt.

can be translated as 'I have taken a photograph' and 'I took a photograph'.

b) The perfect tense consists of an auxiliary verb – either **hebben** or **zijn** – and a past participle. For example:

Ik heb gemaakt. I have made.

The auxiliary verb is in the present tense and its form depends on the subject of the sentence (see sections 6 and 8). If the subject is **hij**, for example, then **heeft** is required. However, the past participle never changes. For example:

Hij heeft gemaakt. He has made.

The auxiliary verb is always the second item in the sentence (see section 21) and the past participle comes last. For example:

Wij hebben gisteren veel foto's gemaakt. We took a lot of photographs yesterday.

There is more about auxiliary verbs in section 33 page 75.

c) Dutch verbs are divided into three groups according to how they form their past tenses. The first group is described as 'weak', the second as 'strong', and the verbs in the third group are 'irregular', or a mixture of weak and strong.

31 Past participle of weak verbs

a) The past participle of weak verbs consists of:

ge + stem + **t**   as in **gemaakt** *or*
ge + stem + **d**   as in **gewoond** (lived)
-t is added to stems ending in **p, t, k, s, f, ch.**

infinitive		*stem*	*past participle*
hopen	(to hope)	**hoop**	**gehoopt**
praten	(to talk)	**praat**	**gepraat**
koken	(to cook)	**kook**	**gekookt**
missen	(to miss)	**mis**	**gemist**
blaffen	(to bark)	**blaf**	**geblaft**
kuchen	(to cough)	**kuch**	**gekucht**

Students will find it useful to memorize the mnemonic **'t kofschip** (a kind of sailing ship) as it contains all the consonants followed by **-t.**

SPELLING NOTE Dutch never has a doubled consonant at the end of a word, so if the stem of a verb already ends in **-t**, the final **-t** is not added. Hence:

praten   **praat**   **gepraat**

b) All other weak verbs add **-d** to the stem. For example:

infinitive		*stem*	*past participle*
bouwen	(to build)	**bouw**	**gebouwd**
horen	(to hear)	**hoor**	**gehoord**
bellen	(to ring)	**bel**	**gebeld**
branden	(to burn)	**brand**	**gebrand***

*In this case, a second **-d** is not added

PRONUNCIATION NOTE Remember that **d** and **t** are both pronounced **t** at the end of a word, so the difference is only in the spelling.

c) Weak verbs which have one of the following prefixes do not form their past participle with the prefix **ge-** : **be-, er-, ge-, her-, ont-, ver-.**
They are called inseparable prefixes because they are never separated from the rest of the verb, and the verb is called an inseparable verb:

infinitive		stem	past participle
bedoelen	(to mean)	**bedoel**	**bedoeld**
bepraten	(to discuss)	**bepraat**	**bepraat**
geloven	(to believe)	**geloof**	**geloofd**
verbranden	(to burn)	**verbrand**	**verbrand**
verhuizen	(to move house)	**verhuis**	**verhuisd**

Because of the absence of the prefix **ge-** which is usually a sign of the past participle, inseparable verbs with a stem already ending in -**t** or -**d** have a past participle which is identical in form to the stem.

SPELLING NOTE Verbs like **geloven** and **verhuizen** which have a **v** or a **z** in the infinitive and a stem ending in -**f** or -**s** respectively, add -**d** to the stem to form their past participle.

Vocabulary

aan	to, at
beginnen	begin
binnen'kort	soon
daar'na	afterwards
de doos	box
het eind	end
gisteren	yesterday
hard	hard, fast, loud
heel/hele	whole
de hond	dog
het huiswerk	homework
iets	something, anything
juffrouw	Miss (usually of school teachers)
kloppen	knock; be right, be correct
de les	lesson
oma	grandma
ontmoeten	meet
opa	grandpa
over	about (after verbs like **praten**)
het park	park
de rekenles	arithmetic lesson
de school	school
op school	at school

de stapel	pile
het sta′tion [sta′shon]	station
op het station	at the station
uit′stekend	excellent
vertellen	say, tell
vragen	ask
werken	work
zeggen	say
zelf	myself, yourself, etc. (when verb not reflexive)

Exercises

27 *Write down the past participles of the following verbs:*
maken, kloppen, bellen, vertellen, werken, koken, ontmoeten, beloven, verhuizen, branden.

28 *Translate the following sentences into English:*
  1 Zij heeft gisteren een foto van het huis gemaakt.
  2 Wij hebben over alles gepraat.
  3 Mijn broer heeft vanavond gekookt.
  4 Heeft u altijd in Utrecht gewoond?
  5 Wat jammer! Je hebt de trein gemist.
  6 De kinderen hebben een huisje in de tuin gebouwd.
  7 Ik heb de stapel kranten verbrand.
  8 Opa heeft gisteren gebeld.
  9 Hebben jullie alles aan je moeder verteld?
 10 Zij hebben haar in het park ontmoet.
 11 Gisteren heeft hij met zijn vrienden op straat gespeeld.
 12 Daarna heeft hij thuis gestudeerd.

29 *Translate the following sentences into Dutch:*
  1 I worked hard yesterday.
  2 You've (plural) lived in Holland, haven't you?
  3 She made that dress herself.
  4 They took a photograph of our house.
  5 Whom did she meet at the station?
  6 I was amazed.
  7 He told us about the party.
  8 Have you (formal) heard anything about it?

9 We have always believed it.
10 I felt very tired yesterday.

Drills

1 *Substitution drill. Substitute the word on the right for the word in* **bold** *type.*

Ik heb het zelf gezegd.	**jullie**
Jullie hebben het zelf gezegd.	**zij** (singular)
Zij heeft het zelf gezegd.	**u**
U hebt het zelf gezegd.	**wij**
Wij hebben het zelf gezegd.	**jij**
Jij hebt het zelf gezegd.	**hij**
Hij heeft het zelf gezegd.	**zij** (plural)
Zij hebben het zelf gezegd.	

2 *Stimulus-response drill*
S Ik werk hard.
R Ik heb gisteren hard gewerkt.

S Ik maak een foto.
R Ik heb gisteren een foto gemaakt.

S Ik voel me ziek.
R Ik heb me gisteren ziek gevoeld.

S Ik speel met de hond.
R Ik heb gisteren met de hond gespeeld.

S Ik hoor het van haar.
R Ik heb het gisteren van haar gehoord.

S Ik ontmoet hem op straat.
R Ik heb hem gisteren op straat ontmoet.

S Ik studeer thuis.
R Ik heb gisteren thuis gestudeerd.

CONVERSATION

Huiswerk/homework

Piet **Juffrouw! Ik vind het huiswerk erg moeilijk. Hoe schrijf je een brief? Ik weet het niet. Mijn moeder doet het altijd voor me.** Miss! I think the homework's very difficult. How do you write a letter? I don't know. My mother always does it for me.

Lerares **Je begint met 'beste oma, hoe gaat het met u? Mij gaat het goed' en dan vertel je iets over jezelf. Heb je gisteren hard gewerkt?** You start with 'dear Grandma, how are you? I am fine' and then you say something about yourself. Did you work hard yesterday?

Piet **Ja, en ik heb ook gespeeld.** Yes, and I played, too.

Lerares **Goed, dan schrijf je 'ik heb gisteren op school erg hard gewerkt en daarna heb ik met de jongens in het park gespeeld.' Klopt dat?** Fine. Then you write 'I worked very hard yesterday at school and afterwards I played with the boys in the park.' Is that right?

Piet **Ja, en wij hebben een jongen met een hond ontmoet en de hond heeft de hele tijd geblaft. We hebben een huisje van dozen gebouwd en we hebben erin gespeeld.** Yes, and we met a boy with a dog and the dog barked the whole time. We built a house from boxes and played in it.

Lerares **Waarom schrijf je dat dan niet? Maar de rekenles begint over vijf minuten.** Why don't you write that then? But the arithmetic lesson begins in five minutes.

Piet **Juffrouw! Wat zeg je aan het eind van een brief?** Miss! What do you say at the end of a letter?

Lerares **Vraag het maar aan je moeder vanavond.** Ask your mother this evening.

Piet **Dan schrijf ik zelf iets: 'U komt binnenkort op bezoek, zegt mam. Ik hoop het. Groetjes, Piet.' Zo! Juffrouw! Ik ben klaar.** Then I'll write something myself: 'You're coming to visit us soon, mum says. I hope so. Love, Pete.' There! Miss! I've finished.

Lerares **Uitstekend, Piet! En nu voor je huiswerk een brief aan een oom schrijven.** Excellent, Pete. And now write a letter to an uncle for your homework.

Lesson 10

32 Past participle of strong verbs

The past participle of strong verbs has the prefix **ge-** (except in the case of inseparable verbs – see lesson 9, section 31c) and the ending **-en**. The vowel sound of the past participle is often different from that of the stem:

infinitive	*past participle*
blijven	**gebleven**
eten	**gegeten**
komen	**gekomen**
lezen	**gelezen**
liggen	**gelegen**
schrijven	**geschreven**
vertrekken	**vertrokken**

As can be seen from the list above, there is no one rule for forming the past participle of strong verbs. The student is therefore advised to learn each new strong verb encountered. There is a list of the main strong verbs on page 182. These should be learnt.

33 Auxiliary verbs as used in the perfect tense

a) The student is already familiar with **hebben** as an auxiliary with weak verbs. Some strong verbs also make their perfect tense with **hebben**. For example:

Ik heb gelezen. I have read.
Wij hebben gegeten. We have eaten.

b) There is a group of both strong and weak verbs which always form the perfect tense using **zijn** as the auxiliary verb. For example:

strong
De trein is vertrokken. The train has departed.
Zij zijn gekomen. They have come.

weak
De trein is gestopt. The train has stopped.
Zij zijn ontsnapt. They have escaped.

The verbs in this group denote either a change of place as in the examples above, or a change of state:

strong
Hij is gestorven. He has died.

weak
Zij is geslaagd. She has passed her exam.

NOTE **blijven** also always forms its perfect tense with **zijn** even though it does not denote a change of place or state.

c) There is another group of both strong and weak verbs, which sometimes has **hebben** as perfect tense auxiliary and sometimes **zijn.** These verbs denote means of locomotion, such as **lopen** (to walk) **rijden** (to drive) and **fietsen** (to cycle).

When a destination is given, these verbs make their perfect tenses with **zijn.**

strong
Ik ben naar huis gelopen. I walked home.
Hij is naar de stad gereden. He drove into town.

weak
Wij zijn naar Amsterdam gefietst. We cycled to Amsterdam.

Remember that the past participles of **lopen** and **rijden** must be learnt.
When the emphasis is on the means of locomotion and no destination is given, **hebben** is used. For example:

Ik heb vandaag veel gereden. I did a lot of driving today.
Hebben jullie gefietst of gelopen? Did you cycle or walk?

34 Irregular verbs

This is the third group of Dutch verbs described in section 30. No rules can be given for the formation of the past participle, so it must be learnt in all cases. Some useful irregular verbs to know are:

infinitive		past participle
brengen	(to bring)	**gebracht**
denken	(to think)	**gedacht**
doen	(to do)	**gedaan**
gaan	(to go)	**gegaan**
hebben	(to have)	**gehad**
kopen	(to buy)	**gekocht**
slaan	(to hit)	**geslagen**
staan	(to stand)	**gestaan**
zien	(to see)	**gezien**
zijn	(to be)	**geweest**
zoeken	(to look for)	**gezocht**

NOTE **zijn** always has **zijn** as its perfect auxiliary verb. As **gaan** denotes a change of place, it also has **zijn**. All the others form the perfect tense with **hebben**.

Vocabulary

af en toe	now and again
de avond	evening
's avonds	in the evening
de bio'scoop	cinema
duur	expensive
de film	film
het geval	case, instance
in ieder/elk geval	anyway, at any rate
interes'seren	interest
de kleren (*always plural*)	clothes
ik eet liever . . .	I prefer to eat . . . *compare*
ik eet graag . . .	I like to eat . . .
lunchen	lunch, have lunch
's middags	in the afternoon
het mu'seum	museum, gallery

niks = niets	nothing
de ondertitel	subtitle
het paar	pair
het ple'zier	pleasure
plezier hebben	enjoy oneself, have fun
reizen	travel
de stad in	into town
sterven	die
het uitstapje	outing, trip
vallen (gevallen)	fall: *(sometimes)* be
van'ochtend	this morning
want	because, for
winkelen	shop, go shopping

Exercises

30 *When you have learnt the strong verbs in this lesson, write down the past participles of the following verbs from memory:*
komen, hebben, liggen, gaan, zijn, lezen, eten, kopen, schrijven, denken, blijven, doen.

31 *Translate the following sentences into English:*
 1 Bent u gisteren thuis gebleven?
 2 De kinderen hebben hun huiswerk al gedaan.
 3 De bibliothekaris heeft zelf een boek geschreven.
 4 Waarom zijn jullie niet gekomen?
 5 Ik heb erg veel boeken gelezen.
 6 Heb je gisteren in dat restaurant gegeten?
 7 Wij zijn vandaag naar de bioscoop gegaan.
 8 Wij hebben allebei gelopen.
 9 U heeft het erg druk gehad, niet waar?
10 Ze heeft die film al gezien.
11 De zoon van de buren heeft zijn hond geslagen.
12 Mijn broer is vanochtend in de stad geweest.

32 *Translate the following sentences into Dutch:*
 1 Why did you (polite) come by bus?
 2 They drove to the station.
 3 I walked into town yesterday.
 4 Have you (plural) already been in the museum?

5 What did she buy in town?
6 Who did you (singular) see in the park?
7 We stayed at home today.
8 My sister bought a car this morning.
9 The cat has been lying in the sun.
10 Where did you (plural) eat in the evening?

Drills

1 *Substitution drill. Substitute the word on the right for the word in* **bold**
type

U bent thuis gebleven	**wij**
Wij zijn thuis gebleven	**hij**
Hij is thuis gebleven	**ik**
Ik ben thuis gebleven	**jullie**
Jullie zijn thuis gebleven	**zij** *(singular)*
Zij is thuis gebleven	**jij**
Jij bent thuis gebleven	**zij** *(plural)*
Zij zijn thuis gebleven	

2 *Stimulus-response drill*
S Hij schrijft een brief.
R Ik heb ook een brief geschreven.

S Hij blijft thuis.
R Ik ben ook thuis gebleven.

S Hij ligt in bed.
R Ik heb ook in bed gelegen.

S Hij eet veel.
R Ik heb ook veel gegeten.

S Hij gaat naar de bioscoop.
R Ik ben ook naar de bioscoop gegaan.

S Hij koopt een boek.
R Ik heb ook een boek gekocht.

S Hij leest veel.
R Ik heb ook veel gelezen.

CONVERSATION

De spelbreker/the kill-joy

Mevr de Vries	**Goede morgen, meneer Bakker. Hoe gaat het met u?** Good morning Mr. Bakker. How are you?
Meneer Bakker	**Goed, dank u. Bent u gisteren naar Amsterdam gegaan?** Fine, thanks. Did you go to Amsterdam yesterday?
Mevr de Vries	**Ja, we zijn gereden, want mijn man reist niet zo graag met de trein.** Yes, we drove because my husband isn't that fond of travelling by train.
Meneer Bakker	**Ik vind zo'n uitstapje af en toe leuk, maar de stad is niks voor mij.** I like a little outing now and then, but the city's not for me.
Mevr de Vries	**Nou ja, er valt altijd zo veel te doen, daar. Ik heb gewinkeld en mijn man is naar een museum geweest. Daarna hebben we in een restaurant geluncht.** Well, there's always such a lot to do there. I went shopping and my husband went to an art gallery. Afterwards we had lunch in a restaurant.
Meneer Bakker	**Niks voor mij, hoor. Ik eet liever thuis. Dan weet je tenminste wat je krijgt. Wat heeft u 's middags gedaan?** Not my cup of tea. I prefer to eat at home. At least you know what you're getting then. What did you do in the afternoon?
Mevr de Vries	**We hebben een film gezien – een film uit Engeland, denk ik, met ondertitels in het Nederlands.** We saw a film – a film from England, I think, with subtitles in Dutch.
Meneer Bakker	**Ik ga nooit naar de bioscoop. Het interesseert mij niet.** I never go to the cinema. It doesn't interest me.
Mevr de Vries	**Nou ja, ik heb in ieder geval veel gekocht – kleren voor mezelf en een paar schoenen voor mijn man.** Well, I bought a lot anyway – clothes for myself and a pair of shoes for my husband.
Meneer Bakker	**Dan heeft u zeker te veel betaald. Alles in de stad is duur, zeggen ze.** Then you must have paid too much. Everything is expensive in the city, they say.

Mevr de Vries **Nou ja, ik heb in elk geval veel plezier gehad, meneer Bakker. Dag!** Well, I enjoyed myself anyway, Mr. Bakker. 'Bye.

Lesson 11

35 Adjectives: inflection

a) The following are examples of Dutch adjectives already encountered:

groot, leuk, mooi, duur, blauw, wit

So far, adjectives have been placed after the noun in a sentence:

Het huis is groot.
Deze schoenen zijn duur.
Mijn tuin is mooi.

When adjectives are placed in front of the noun, they add the ending (inflection) **-e**.

Het grote huis.
Deze dure schoenen.
Mijn mooie tuin.

SPELLING NOTE Remember to apply the spelling rules given in section 4, page 12, on the addition of the final -e, which adds another syllable to the adjective (e.g. **groot** > **grote** and **wit** > **witte**).

PRONUNCIATION NOTE The final **-e** is pronounced like the **e** in **vader**.

b) No **e** is added to the adjective when it precedes a neuter singular noun without an article, as in:

het weer (the weather)	*so*	**mooi weer** (lovely weather)
het water (the water)	*so*	**warm water** (hot water)

or a neuter singular noun preceded by **een, geen, veel**:

een aardig meisje (a nice girl)
geen groot huis (not a large house)
veel warm water (a lot of hot water)

c) Adjectives which end in **-en** never add **-e**. Here are a few examples:

gebroken (broken)
gesloten (closed)
gouden (gold, golden)
houten (wooden)
open (open)
zilveren (silver)

so

een houten stoel (a wooden chair)
de zilveren ring (the silver ring)

linker ('left') and **rechter** ('right') never add **-e**, but are nearly always joined to the following noun:

de linkerhand (the left hand)
de rechterarm (the right arm)

d) Sometimes the noun following an adjective is omitted if it has been mentioned earlier. In English 'one' is inserted in its place, e.g. 'the blue one'. In Dutch there is no equivalent of 'one', but the adjective still adds **-e** according to the rules given in section 35a.

Koop je een jurk? Ja, ik neem de blauwe. Are you buying a dress? Yes, I'll take the blue one.
Neemt u een groot glas bier of een klein? Are you having a large glass of beer or a small one?

36 Adjectives: the comparative

a) The comparative form of the adjective is used when comparing two things. The ending **-er** is added to the adjective.

Dat huis is groter dan dit. That house is larger than this one.
Zijn tuin is mooier dan de mijne. His garden is more beautiful than mine.

SPELLING NOTE Remember to apply the spelling rules from section 4, page 12, when adding an extra syllable, where a double vowel changes to a single vowel (e.g. **groot, groter**) and a single consonant becomes double (e.g. **dik, dikker**)
For the comparative, **-er** is added to *all* adjectives in Dutch, regardless of their number of syllables. In this respect, Dutch differs

from English which also has the construction 'more' + adjective. For example:

Die film is interessanter dan deze. That film is more interesting than this one.

b) Adjectives ending in **-r** insert **d** before the comparative ending:

lekker	**lekkerder**
duur	**duurder**
mager (thin)	**magerder**
ver (far)	**verder**

c) Comparative adjectives inflect (i.e. add the ending **-e**) according to the same rules as ordinary adjectives when they consist of two syllables:

Wij hebben een grotere tuin nodig. We need a bigger garden.
Zij hebben een kleiner huis gekocht. They have bought a smaller house. Notice how in the last example above, this adherence to the same rules means that **kleiner** does not inflect, because it precedes a neuter singular noun with **een** (see section 35b).

Comparative adjectives of three or more syllables do not add **-e**:

Ik heb een interessanter film gezien. I have seen a more interesting film.

37 Comparison

a) Using a comparative adjective + **dan.** (See section 36a.)

b) Using **even** + adjective + **als.** This renders the English 'as . . . as':

Zijn huis is even groot als het mijne. His house is as big as mine.

c) Using **net zo** + adjective + **als.** This construction is more emphatic than the previous one:

Mijn tuin is net zo mooi als de zijne. My garden is just as lovely as his.

Vocabulary

ander	other
de badkamer	bathroom
een beetje	a little, a bit
het erg vinden	to mind *hence*
ik vind het niet erg	I don't mind
donker	dark
de douche (doosh)	shower
eerst	first
de gor'dijn	curtain
herinneren aan	remind of
in'eens	suddenly
interes'sant	interesting
de kamer	room
de ketel	kettle
de keuken	kitchen
de kleur	colour
licht	light
het ligbad	bath
de mens	person
de muur	wall
nieuws'gierig	inquisitive, curious
prachtig	splendid
het raam	window
schilderen	paint
de slaapkamer	bedroom
slecht	bad
trek hebben in	to feel like
Ik heb trek in een kopje thee	I feel like a cup of tea
het uitzicht	view
het vloerkleed	carpet
voor'al	especially
de woonkamer	living room
het ziekenhuis	hospital
zo'als	as

Exercises

33 *Translate the following sentences into English:*
1 Ik heb een grote woonkamer.
2 Zij hebben nieuwe gordijnen en een nieuw vloerkleed.
3 Het is mooi weer vandaag.
4 Mijn vader heeft een nieuwe auto nodig.
5 Heb je trek in een lekker glas bier?
6 Wat een prachtig uitzicht!
7 Wij houden niet van donkere kleuren.
8 Mijn zus vindt witte muren mooi.
9 Gouden ringen zijn te duur.
10 Zie je die jurken? Ik heb een blauwe gekocht.

34 *Translate the following sentences into English:*
1 De slaapkamer is veel groter dan de keuken.
2 Ik vind dit vloerkleed mooier dan dat.
3 Mijn broer vindt koffie lekkerder dan thee.
4 Grotere huizen zijn ook duurder.
5 Ik heb een veel interessanter biografie gelezen.
6 Hun badkamer is even klein als onze keuken.
7 Vind je bier net zo lekker als wijn?
8 Onze poes is veel magerder dan die van jullie.
9 Donkere kleuren zijn net zo mooi als lichte.
10 Deze schoenen zijn even duur als die.

35 *Translate the following sentences into Dutch:*
1 This is an interesting book.
2 This room has large windows.
3 Have you (singular) got a new carpet?
4 The wooden chair is in the bedroom.
5 Broken windows are dangerous.
6 What a splendid photograph!
7 It's bad weather today.
8 When did you (polite) buy those white shoes?
9 We need a smaller house.
10 They bought more expensive curtains than these.
11 I think the darker colour is prettier.
12 Your (plural) father is just as inquisitive as your mother.
13 The bathroom is as big as the kitchen.
14 We haven't any hot water.
15 This case is heavier than that one.

Drills

1 *Substitution drill. Substitute the word on the right for the word in* **bold** *type, making any necessary changes to the adjective or article*

Ik heb een dure **jurk** gekocht.	**auto**
Ik heb een dure **auto** gekocht.	**boek**
Ik heb een duur **boek** gekocht.	**schoenen**
Ik heb dure **schoenen** gekocht.	**vloerkleed**
Ik heb een duur **vloerkleed** gekocht.	**fiets**
Ik heb een dure **fiets** gekocht.	**gordijnen**
Ik heb dure **gordijnen** gekocht.	**kleren**
Ik heb dure **kleren** gekocht.	

2 *Stimulus-response drill*

S Wij hebben een grote slaapkamer.
R Die van mij is groter.

S Wij hebben een kleine keuken.
R Die van mij is kleiner.

S Wij hebben aardige buren.
R Die van mij zijn aardiger.

S Wij hebben een interessant boek.
R Dat van mij is interessanter.

S Wij hebben een zware tas.
R Die van mij is zwaarder.

S Wij hebben een mooi huis.
R Dat van mij is mooier.

S Wij hebben een duur cadeautje.
R Dat van mij is duurder.

CONVERSATION

Theepauze/teabreak

Gerda **Kom binnen, pa. Dit is mijn nieuwe huis. Neem je eerst een lekker kopje thee?** Come in, dad. This is my new home. Will you have a nice cup of tea first?

Vader **Welnee, ik ben veel te nieuwsgierig. Dit is de woonkamer, neem ik aan. Wat een prachtig uitzicht over de stad, zeg!**

Heb je de muren zelf geschilderd? Oh no, I'm much too inquisitive. This is the living room, I suppose. What a splendid view of the town! Did you paint the walls yourself?

Gerda   **Ja, en ik heb de gordijnen ook zelf gemaakt.** Yes, and I made the curtains myself, too.

Vader   **Ik vind het een gezellige kamer, vooral met dat grote raam en de lichte kleuren.** I think it's a pleasant room, especially with that large window and the light colours.

Gerda   **We gaan nu naar de slaapkamer.** We'll go to the bedroom now.

Vader   **Tja, deze kamer is niet zo groot als de andere, en donkerder ook.** Hmm, this room isn't as big as the other, and it's darker, too.

Gerda   **Maar ik ben nog niet klaar met deze kamer, zoals je ziet.** But I haven't finished this room yet, as you see.

Vader   **Maak je de muren dan wit, denk je?** Will you do the walls white, do you think?

Gerda   **Witte muren herinneren me een beetje aan een ziekenhuis. Ik vind een lichte kleur veel mooier.** White walls remind me a bit of a hospital. I think a light colour is much prettier.

Vader   **Je hebt een vloerkleed nodig, zie ik. Ik heb iets voor je thuis.** You need a carpet, I see. I've got something at home for you.

Gerda   **O pap! Wat aardig van je! En nu de badkamer.** Oh dad! How nice of you! And now the bathroom.

Vader   **Deze is nog kleiner dan de slaapkamer. Maar ja, heel veel mensen hebben een douche en geen ligbad.** This one is even smaller than the bedroom. Still, lots of people have a shower and no bath.

Gerda   **Ik vind het niet erg. Hier heb je de keuken. Wat zoek je?** I don't mind. Here's the kitchen. What are you looking for?

Vader   **De ketel. Ik heb ineens trek in een kopje thee.** The kettle. I suddenly feel like a cup of tea.

Lesson 12

38 Adjectives: superlatives

a) The superlative adjective indicates the highest degree of the quality or characteristic denoted by the adjective. It has the ending -st.

groot	grootst
mooi	mooist
klein	kleinst
duur	duurst
ver	verst

SPELLING NOTE -st does not add an extra syllable, so the spelling is unaffected.

b) Adjectives already ending in -s simply add -t;

fris (fresh)	frist
dwaas (silly)	dwaast

c) All superlatives add -e when used in front of the noun:

Dit is de mooiste tuin van de hele buurt. This is the loveliest garden in the whole neighbourhood.
Ik koop altijd de duurste kleren. I always buy the most expensive clothes.
Hij heeft het grootste huis. He has the largest house.

All superlatives add -e when used independently with the definite article:

Piet is de oudste van de twee. Pete is the older of the two.

Note from the above example that, unlike the English, in Dutch the superlative is used when *two* things are compared.

d) When it is used after the noun, the superlative is preceded by **het** and verb and you may, but need not, add -**e**. For example:

Hij fietst het snelst. He cycles fastest.
Die tassen zijn wel zwaar, maar deze koffer is zeker het zwaarst(e). Those bags are heavy, but this case is definitely the heaviest.
De duurste kleren zijn niet altijd het mooist. The most expensive clothes are not always the prettiest.

e) Below are three common adjectives which form their comparative and superlative irregularly:

goed (good)	**beter**	**best**
veel (much)	**meer**	**meest**
weinig (little)	**minder**	**minst**

39 Adverbs

a) The following are examples of adverbs already encountered in previous lessons:

erg, al, altijd, nooit, hier, daar.

Adverbs supply the information 'how', 'when', 'where', 'why' in a sentence. In Dutch, the form of many adverbs is identical to that of the adjective, so that **goed**, for example, is sometimes translated as 'good' and sometimes as 'well':

Een goed boek. A good book.
Hij schrijft goed. He writes well.

Similarly:

Harde muziek. Loud music.
Zij praat hard. She talks loudly.

b) Adverbs which also function as adjectives have a comparative and superlative form. The superlative is always preceded by **het**:

Hij schrijft goed, maar zij schrijft beter. He writes well, but she writes better.
Deze auteur schrijft het best. This author writes best.

40 Diminutives

a) The following are examples of diminutives already encountered:

cadeautje, kopje, pakje, poesje, stukje, terrasje.

Diminutives are formed by the addition of a suffix to the noun which adds the qualification 'small' to that noun. For example:

Het huisje. The little house, the cottage.

Diminutives are used very frequently in Dutch to convey not only small size, but also affection, as with **poesje,** or a lack of importance as with **cadeautje** – 'a little something'.

A diminutive often forms a separate word in its own right:

het brood (bread)
het broodje (bread roll)
de telefoon (telephone)
het telefoontje (telephone call)

All diminutives are **het**-nouns.

b) The basic diminutive ending is **-je** added to nouns ending in a voiceless consonant, as in:

brood	**broodje**
huis	**huisje**
kop	**kopje**
poes	**poesje**
stuk	**stukje**

PRONUNCIATION NOTE When the noun ends in **-t/-d**, the combination **t/d + j** is pronounced rather like English 'ch'. For example:

broodje ['broo-ch-e']

When the noun ends in **-s**, the combination **s + j** is pronounced rather like English 'sh'. Thus:

poesje ['poe-sh-e']

c) **-tje** is added to nouns ending in a vowel (**a**, **o**, **u** are doubled),

koe (cow)	**koetje**
sla (salad)	**slaatje**

or a diphthong (see section 3iii).

rij (row, queue)	**rijtje**
trui (jumper)	**truitje**

-l, **-n**, **-r** preceded by a long vowel, diphthong, or the weak vowel (see section 3iv).

paar	**paartje**
tafel	**tafeltje**
trein	**treintje**

PRONUNCIATION NOTE See section 2 for pronunciation of **t** + **j**.

d) **-etje** is added to nouns ending in **-l**, **-m**, **-n**, **-r**, **-ng** preceded by a short vowel (see section 3ii). Thus:

bal (ball)	**balletje**
kam (comb)	**kammetje**
man (man)	**mannetje**
ster (star)	**sterretje**
ring (ring)	**ringetje**

SPELLING NOTE The final consonant is always doubled on the addition of the suffix except in the case of **-ng**.

e) **-pje** is added to nouns ending in:

-m preceded by a long vowel as in:

boom (tree)   **boompje**

-m preceded by a diphthong as in:

rijm (rhyme)   **rijmpje**

-m preceded by the weak vowel as in:

bodem (bottom)   **bodempje**

-m preceded by l or r:

film (film)	**filmpje**
arm (arm)	**armpje**

f) -kje is added to nouns ending in **-ing** when the syllable before last is stressed. The **g** is dropped from the spelling:

woning (flat)   **woninkje**

Vocabulary

de anderen	the others
de arts	doctor
de au′teur	author
dagenlang	for days
di′rect	direct
de dokter	doctor
elk	each, every
de fa′milie	family
het gezin	family
gezond	healthy
goed′koop	cheap
de hoest	cough
hoesten	cough
de kat	cat
het katje	kitten
klinken	sound
lijken	seem
de pil	pill
het re′cept	prescription, recipe
rennen	run
slikken	swallow
het toetje	pudding
vreemd	strange
vreselijk	terrible
de wachtkamer	waiting-room
wakker	awake
wakker blijven	stay awake
wakker houden	keep awake
wekenlang	for weeks

Exercises

36 *Give the diminutives of the following nouns e.g.* **de tuin** = **het
tuintje**:
   1 de stoel
   2 de dochter
   3 de brief
   4 het terras
   5 de kam
   6 de film
   7 de dag
   8 de tafel
   9 de woning
10 het huis
11 de bal
12 de boom

37 *Translate the following sentences into English:*
   1 Dit is het kleinste katje.
   2 Hun jongste kind heeft een nieuwe fiets.
   3 Ik vind deze kamer het mooist.
   4 De meeste mensen hebben een auto.
   5 Mijn zoontje zingt het best.
   6 Ik heb de duurste schoenen niet gekocht.
   7 Heb je het briefje gelezen?
   8 Deze auteur schrijft erg goed.
   9 Hij houdt het meest van rode wijn.
10 Zij eten het toetje altijd het liefst.
11 Ik heb het vreemdste telefoontje gekregen.
12 Hij is de aardigste arts in onze buurt.

38 *Translate the following sentences into Dutch:*
   1 This is the cheapest car.
   2 Take the healthiest kitten.
   3 We went to the best restaurant.
   4 Your (plural) little garden is very pretty.
   5 She always drinks the most expensive wine.
   6 This little dog runs the fastest.
   7 Thank you (singular) for the little present.
   8 Did you (polite) get my note?
   9 That is a good book, but this one is the most interesting.
10 The cup is on the little table.

Drills

1 *Stimulus-response drill*
S Deze fiets is nieuw.
R Ja, het is onze nieuwste fiets.

S Deze auto is oud.
R Ja, het is onze oudste auto.

S Dit boek is interessant.
R Ja, het is ons interessantste boek.

S Deze wijn is lekker.
R Ja, het is onze lekkerste wijn.

S Dit vloerkleed is duur.
R Ja, het is ons duurste vloerkleed.

S Deze broodjes zijn vers.
R Ja, het zijn onze verste broodjes.

S Dit restaurant is goed.
R Ja, het is ons beste restaurant.

2 *Stimulus-response drill*
S Dat kost veel.
R Maar dit kost het meest.

S Die zingt goed.
R Maar deze zingt het best.

S Die zwemt snel.
R Maar deze zwemt het snelst.

S Die leest weinig.
R Maar deze leest het minst.

S Die fietst graag.
R Maar deze fietst het liefst.

S Die werkt hard.
R Maar deze werkt het hardst.

S Dat smaakt lekker.
R Maar dit smaakt het lekkerst.

CONVERSATION

Wie is de patiënt?/who's the patient?

Dokter	**Hoe gaat het met u, mevrouw de Ruiter?** How are you, Mrs. de Ruiter?
Mevr de Ruiter	**Het gaat best, dokter.** Fine, doctor.
Dokter	**En met het kleintje? Hij is zeker de gezondste van de hele familie.** And the little one? I'm sure he's the healthiest of the whole family.
Mevr de Ruiter	**Nou, hij eet het minst en hij hoest 's nachts.** Well, he eats the least and he coughs at night.
Dokter	**Hij is de jongste en hij eet minder dan de anderen. Dat lijkt mij niet zo heel vreemd. Eet hij een beetje van alles?** He's the youngest and he eats less than the others. That doesn't seem all that strange to me. Does he eat a bit of everything?
Mevr de Ruiter	**Hij eet zijn toetje het liefst.** He likes his pudding best.
Dokter	**Tja. Houdt die hoest hem wakker?** Mmm. Does that cough keep him awake?
Mevr de Ruiter	**Niet direct, nee. Maar het klinkt zo vreselijk. Dat is het ergste.** Not exactly, no. But it sounds so awful. That's the worst thing.
Dokter	**Dus, u slaapt niet zo goed, mevrouw.** So, you're not sleeping very well.
Mevr de Ruiter	**Ik heb wekenlang niet geslapen, dokter.** I haven't slept for weeks, doctor.
Dokter	**O, dat is makkelijk dan. U slikt één van deze pilletjes elke nacht en dan slaapt u het lekkerst van het hele gezin. Hier is het recept.** Oh, that's easy, then. Just take one of these little pills every night and you'll sleep the best of the whole family. Here's the prescription.
Mevr de Ruiter	**Dank u wel. Dag.** Thank you very much, Bye.
Dokter	**Dag mevr de Ruiter. Dag, jongetje.** Bye Mrs. de Ruiter. Bye little boy.

Lesson 13

41 Modal verbs

a) These are auxiliary verbs which are used in conjunction with an infinitive. For example:

Ik moet gaan. I must go.

There are four such verbs: **kunnen** can, **moeten** must, **mogen** may and **willen** want. Since the present tense of these verbs is irregular, it will be given in full and should be learnt.

b) kunnen can, be able, be possible

ik kan	wij kunnen
jij kunt/kan	jullie kunnen
u kunt/kan	u kunt/kan
hij kan	zij kunnen

The two **jij**-forms of the verb are both used frequently. When inverted, **jij kunt** becomes **kun jij**. The past participle is **gekund**.

c) moeten must, have to

ik moet	wij moeten
jij moet	jullie moeten
u moet	u moet
hij moet	zij moeten

The **jij**-form does not change when inverted. The past participle is **gemoeten**.

d) mogen may, be allowed to

ik mag	wij mogen
jij mag	jullie mogen
u mag	u mag
hij mag	zij mogen

The past participle is **gemoogd**.

98

e) willen want

ik wil	**wij willen**
jij wilt	**jullie willen**
u wilt	**u wilt**
hij wil	**zij willen**

The **jij**- form drops the **-t** when inversion occurs. The past participle is **gewild**.

42 Use of modal verbs

a) Modal verbs can be used on their own. Very often, a common verb, such as **doen**, is implied and may need to be supplied in the English translation. **Kunnen**, **moeten** and **mogen** also have an impersonal construction with **het/dat** + verb. For example:

Hij kan het goed. He can do it well = he's good at it.
Dat kan. That is possible, that can be done.
Ik moet wel. I must, I've got to.
Het moet. It must be done.
Dat mag. That is allowed. (Often translated as 'you may'.)
Wij willen het wel. We want to (do it).

The past participle of modal verbs *only* occurs when the verb is used independently. For example:

Hij heeft het niet gekund. He couldn't.
Ik heb het niet gemoeten. I didn't have to.
Wij hebben het gemoogd. We were allowed to.
Zij heeft het niet gewild. She didn't want to.

Gemoeten and **gemoogd** are used infrequently.

b) When a modal verb is used in conjunction with another verb, it is the modal auxiliary which agrees with the subject, while the second verb is always an infinitive. For example:

Zij kunnen morgen niet komen. They can't come tomorrow.
Zij moet vanavond vroeg naar huis gaan. She's got to go home early this evening.
U mag hier niet roken. You are not allowed to smoke here.
Ik wil met de auto gaan. I want to go by car.

Note that the modal verb is always the *second* item in the sentence and the infinitive is always *last*.

To ask a question, simply invert subject and modal, leaving the infinitive in final position:

Moet zij vanavond vroeg naar huis gaan? Does she have to go home early this evening?

c) When the perfect tense of a modal auxiliary is required, and it is used in conjunction with another verb, the past participle is replaced by the infinitive. Remember that it is the perfect tense auxiliary verb **hebben** which now agrees with the subject and takes second place in the sentence:

Ik heb gisteren kunnen komen. I was able to come yesterday.
Dat heeft zij altijd willen doen. She has always wanted to do that.

Note that the two infinitives are placed at the end of the sentence and the modal infinitive always comes first.

To ask a question, simply invert the subject and the perfect tense auxiliary **hebben**, leaving the two infinitives in final position:

Heeft zij dat altijd willen doen? Has she always wanted to do that?

43 Adjective + s

When the adjective is placed immediately after **iets, niet, veel, weinig, wat,** it adds the ending **-s.** For example:

Heb je iets moois gekocht? Did you buy something pretty?
Niets nieuws. Nothing new.

Vocabulary

als het ware	as it were
het avondeten	evening meal
beginnen (is begonnen)	begin (has begun)
beslist	definitely
boven'dien	moreover, what is more
de coupé	compartment

de dame	lady
het di'ner	dinner
de eenpersoonskamer	single room
enig	only, single
het ho'tel	hotel
lukken (is gelukt)	succeed (has succeeded)
het lukt mij	I succeed
de meneer	gentleman
met z'n tweeën	the two of us (you, them)
niemand	no-one
niemand anders	no-one else
onder de twee jaar	under two (years of age)
onredelijk	unreasonable
de receptio'nist	receptionist
ser'veren	serve
de sleutel	key
het spijt mij	I'm sorry
de streek	region, district
de taxi	taxi
de tweepersoonskamer	double room
waar	true

Exercises

39 *Translate the following sentences into English:*
 1 Ik wil hier eten.
 2 Wij kunnen vanavond niet komen.
 3 Zij moet met een taxi naar huis gaan.
 4 U mag in deze coupé niet roken.
 5 Wij willen een tweepersoonskamer met bad.
 6 Mag ik aan deze tafel zitten?
 7 Kun je dit even voor me doen?
 8 Ze moeten het museum beslist bezoeken.
 9 Het spijt me, maar het mag niet.
10 Willen jullie rode of witte wijn?

40 *Translate the following sentences into English:*
 1 Zij heeft vroeg moeten gaan.
 2 Hebben jullie gisteren niet kunnen komen?
 3 Wat heeft u willen kopen?

4 Ik heb hard moeten werken.
5 De kinderen hebben hier niet mogen spelen.
6 Wij hebben niets leuks kunnen vinden.
7 Het heeft niet gekund.
8 Dat hebben wij niet mogen doen.
9 Heb je een hotelkamer kunnen krijgen?
10 Ik heb iets vriendelijks willen zeggen, maar het is me niet gelukt.

41 *Translate the following sentences into Dutch:*
1 He cannot come today.
2 May I have the key?
3 We must buy a new car.
4 This gentleman wants a double room.
5 Can you (polite) do it immediately?
6 Do you (plural) have to go home now?
7 We wanted to buy something cheap.
8 They had to take a taxi.
9 Were you (singular) allowed to smoke?
10 I was not able to carry that heavy case.

Drills

1 *Substitution drill. Substitute the word on the right for the word in* **bold** *type, remembering to make any other necessary changes*

Ik kan het niet doen.	**jullie**
Jullie kunnen het niet doen.	**hij**
Hij kan het niet doen.	**wij**
Wij kunnen het niet doen.	**jij**
Jij **kunt** het niet doen.	**moet**
Jij moet het niet doen.	**u**
U moet het niet doen.	**zij** (plural)
Zij moeten het niet doen.	**hij**
Hij **moet** het niet doen.	**mag**
Hij **mag** het niet doen.	**wij**
Wij mogen het niet doen.	

2 *Stimulus-response drill*
S Wat heb je gekocht?
R Ik heb niets kunnen vinden.

102

S Wat hebben ze gekocht?
R Ze hebben niets kunnen vinden.

S Wat heeft ze gekocht?
R Ze heeft niets kunnen vinden.

S Wat heeft u gekocht?
R Ik heb niets kunnen vinden.

S Wat hebben jullie gekocht?
R We hebben niets kunnen vinden.

S Wat heeft hij gekocht?
R Hij heeft niets kunnen vinden.

S Wat heeft die dame gekocht?
R Ze heeft niets kunnen vinden.

CONVERSATION

Snel geregeld/quickly settled

Meneer de Waard	**Goedenavond. Ik wil een eenpersoonskamer met bad.** Good evening. I want a single room with a bath.
Receptionist	**Het spijt mij, meneer, maar wij hebben alleen maar een tweepersoonskamer met douche.** I'm sorry sir, but we only have a double room with a shower.
Meneer de Waard	**Kan ik hier eten?** Can I eat here?
Receptionist	**Ja, natuurlijk. Maar het diner is al begonnen. Het is vrij laat. U moet zich haasten – over een half uur serveren we niet meer.** Yes, of course. But dinner has already begun. It is quite late. You'll have to hurry. We stop serving in half an hour.
Meneer de Waard	**Mag ik mijn hondje op mijn kamer hebben? Hij zit buiten in de auto.** May I have my little dog in my room? He's outside in the car.
Receptionist	**Het spijt mij, maar dat mag in dit hotel niet. Wij nemen geen honden en geen kinderen onder de twee jaar.** I'm sorry, but that's not allowed in this hotel. We don't take dogs or children under two.

Meneer de Waard	**Dan moet ik een ander hotel zoeken.** Then I'd better look for another hotel.
Receptionist	**Wij zijn het enige hotel in deze streek. Weet u dat niet? En bovendien is het al laat.** We are the only hotel in this district. Didn't you know? And what is more, it's so late.
Meneer de Waard	**Dat is waar. Dus krijgt u nu zeker niemand anders voor die kamer.** That's true. So you won't be getting anyone else for that room now, will you?
Receptionist	**Eh . . . ik denk het niet nee.** Er . . . I don't suppose so. No.
Meneer de Waard	**Het is een tweepersoonskamer, zegt u? Dus moet ik voor twee personen betalen. Dan betaal ik voor mijn hond als het ware. Dat lijkt mij niet onredelijk.** It's a double room, you say? So I've got to pay for two people. So I'm paying for my dog as it were. That doesn't sound unreasonable to me.
Receptionist	**Goed dan. Eet u vanavond alleen, of met z'n tweeën?** All right then. Will you be dining alone, or is it the two of you?

Lesson 14

44 Separable verbs

a) The student has already encountered (in section 31) inseparable verbs like **vertellen** where the prefix **ver-** is never separated from the rest of the verb. As their name suggests, separable verbs have prefixes which *can* be separated from the verb.

b) The infinitive is always one word, as in:

meegaan (to go along)
uitgaan (to go out)
weggaan (to go away)

Note that the same basic verb can have different prefixes which add different meanings to the basic meaning.

c) In the present tense, prefix and verb are separate. The verb remains in second position in the sentence and the prefix is placed in final position. For example:

Hij gaat vandaag weg. He's going away today.

To ask a question, simply invert subject and verb, leaving the prefix at the end of the sentence:

Ga je vanavond met ons mee? Are you going along with us this evening?

d) The past participle has -ge- inserted between prefix and verb:

meegegaan
uitgegaan
weggegaan

Note that it is written as one word.

The perfect tense is formed according to the rules given in section 30 with auxiliary verb second in the sentence and past participle last:

Ik heb hem gisteren opgebeld. I rang him up yesterday.
Zij zijn vanochtend op het station aangekomen. They arrived at the station this morning.

The rules given in section 33 for use of **hebben** and **zijn** as perfect tense auxiliary also apply to separable verbs.

45 Prefixes – verbs

a) Below is a list of stressed prefixes which are always separable:

af-	afmaken	afgemaakt	(to finish)
in-	inbreken	ingebroken	(to break in)
mee-	meenemen	meegenomen	(to take along)
op-	opeten	opgegeten	(to eat up)
tegen-	tegenkomen	tegengekomen	(to meet, run into)
toe-	toenemen	toegenomen	(to increase)
uit-	uitsteken	uitgestoken	(to hold out one's hand)

b) The prefixes **aan-, door-, om-, onder-, over-, voor-** are separable when stressed and inseparable when unstressed.
For example:

stressed and separable

aankomen	aangekomen	(to arrive)
ombrengen	omgebracht	(to kill)
voorstellen	voorgesteld	(to represent, propose, suggest)

unstressed and inseparable

aanvaarden	aanvaard	(to accept)
omarmen	omarmd	(to embrace)
voorkomen	voorkomen	(to prevent)

Remember that inseparable verbs form their past participle without **ge-**.

46 Adjectives as nouns

a) de + adjective + **e** as in:

de blinde	the blind man/woman/person
de rijke	the rich man etc

This construction is used only to refer to people, and when translating into English remember that a noun such as 'person' must be supplied in the singular.

To form the plural in Dutch, -en is added to the adjective, and it is not necessary to supply a noun in the English translation:

de blinden	the blind, blind people
de rijken	the rich

b) **het** + adjective + **e** as in:

het leuke	the nice (thing)
het goede	the good (thing), good
het kwade	the evil (thing), evil

This construction is used to form an abstract noun. There is no plural.

Vocabulary

achterin	in/at the back
afhalen	collect, meet
de baan	job
dichtdoen (transitive)	shut
dichtgaan (intransitive)	shut
gastvrij	hospitable
de kennis	friend, acquaintance
het huwelijk	marriage
instappen	get in
meerijden	have a lift
nergens	nowhere
opendoen (transitive)	open
opengaan (intransitive)	open
het por'tier	door (of car)
de studie	study, studies
de studievriend	college/university friend
terugkomen	come back, return
zich terugtrekken	withdraw, retire
terugzien	see again
de va'kantie	holiday, holidays
het vliegtuig	aeroplane
het vliegveld	airport

het voorstel	proposal
zeventig	seventy
de zeventiger jaren	the seventies

Exercises

42 *Translate the following sentences into English:*
1 Zijn vriendin gaat vandaag weg.
2 Wanneer komt zij terug?
3 Ik moet morgen opbellen.
4 Gaan jullie met ons mee?
5 Het leuke is – wij zien elkaar binnenkort terug.
6 Neem de sleutel mee.
7 Mag ik met jullie meerijden?
8 Wij halen onze dochter van het station af.
9 Kunt u de deur even voor me dichtdoen?
10 Het vliegtuig komt over een half uur aan.

43 *Translate the following sentences into English:*
1 Zij is vanochtend weggegaan.
2 Hebben de kinderen alles opgegeten?
3 Wanneer heeft u hem opgebeld?
4 Zij zijn gisteren van hun vakantie teruggekomen.
5 Hij heeft haar op het perron omarmd.
6 Mijn zus heeft me met de auto afgehaald.
7 Wij zijn de blinde op straat tegengekomen.
8 De bibliotheek is al dichtgegaan.
9 Ik ben met mijn broer meegereden.
10 Hebben zij zijn voorstel aanvaard?

44 *Translate the following sentences into Dutch:*
1 They are coming back today.
2 When are you (polite) going away?
3 Ring him up.
4 You (singular) must eat everything up.
5 We met the blind man in town.
6 Did they collect you (singular) from the airport?
7 Open the door.
8 I never saw him again.
9 What did he suggest?

10 She wants to have a lift with us.
11 I've finished my studies.
12 Did you (singular) take your brother along to the party?

Drills

1 *Substitution drill. Substitute the word on the right for the word in* **bold** *type*

Ik ga met hem mee.	**jullie**
Jullie gaan met hem mee.	**zij** (singular)
Zij gaat met hem mee.	**wij**
Wij gaan met hem mee.	**jij**
Jij **gaat** met hem mee.	**rijdt**
Jij rijdt met hem mee.	**u**
U rijdt met hem mee.	**zij** (plural)
Zij rijden met hem mee.	**ik**
Ik rijd met hem mee.	**hij**
Hij rijdt met hem mee.	

2 *Stimulus-response drill*

S Bel je op?
R Ik heb al opgebeld.

S Neem je hem mee?
R Ik heb hem al meegenomen.

S Doe je de deur dicht?
R Ik heb de deur al dichtgedaan.

S Doe je het portier open?
R Ik heb het portier al opengedaan.

S Eet je het op?
R Ik heb het al opgegeten.

S Stel je iets voor?
R Ik heb al iets voorgesteld.

S Haal je haar af?
R Ik heb haar al afgehaald.

CONVERSATION

Een toevallige ontmoeting/a chance encounter

Frans **Wilt u misschien met me meerijden? Ik ga namelijk ook naar het vliegveld. Stapt u maar in.** Can I give you a lift, perhaps? You see, I'm going to the airport too. Jump in.

Tineke **O wat aardig van u. Dank u wel. Ik heb de bus net gemist.** Oh, how kind of you. Thank you. I've just missed the bus.

Frans **Zet uw koffer maar achterin. Goed zo. Heeft u het portier goed dichtgedaan?** Just put your case in the back. Fine. Have you closed the door properly?

Tineke **Ik denk het wel. Waar gaat u naartoe? Ik ga naar Londen.** I think so. Where are you going? I'm going to London.

Frans **Nergens. Ik moet mijn vrouw afhalen. Die is net uit Engeland teruggekomen. Ze heeft kennissen in Londen.** Nowhere. I've got to collect my wife. She's just come back from England. She has friends in London.

Tineke **Ik ook. Ik heb Engels gestudeerd. Ik ben altijd met een studievriendin meegegaan – het zijn eigenlijk vrienden van haar geweest. Maar het leuke is, zij zijn ontzettend gastvrij, en ik zie ze nog steeds.** Me too. I studied English. I always went along with a university friend – they were really her friends. But the nice thing is, they're terribly hospitable and I still see them.

Frans **Waar heeft u gestudeerd? Niet hier in Amsterdam?** Where did you study? Not here in Amsterdam?

Tineke **Jawel! Begin van de zeventiger jaren.** Yes! In the early seventies.

Frans **Marijke – mijn vrouw – ook!** Marijke – my wife – too!

Tineke **Bent u dan Frans?** You're not Frans are you?

Frans **Ja!** Yes!

Tineke **Nee toch! Echt waar? Ik heb Marijke sinds jullie huwelijk niet teruggezien. Ze heeft zich een beetje teruggetrokken.** Well I never! Are you really? I haven't seen Marijke since your marriage. She seems to have shut herself away.

Frans **Nou, ze heeft het erg druk met haar baan en het huis.** Well, she's very busy with her job and the house.

Tineke   **Tja, natuurlijk. Wat zijn die Engelsen gastvrij, zeg!** Yes, of course. Those English people keep open house, don't they?

Lesson 15

47 Verbs: future tense

a) The future tense in Dutch consists of an auxiliary verb **zullen** (present tense), and an infinitive. For example:

Zij zullen komen. They will come.

b) The present tense of **zullen** is irregular and must be learnt.

ik zal	wij zullen
jij zult/zal	jullie zullen
u zult/zal	u zult/zal
hij zal	zij zullen

When inversion occurs, **jij zult** becomes **zul jij**.

c) **Zullen** agrees with the subject of the sentence and is in second place. It is used in conjunction with an infinitive which is always in final position, as in:

Ik zal het vandaag doen. I shall do it today.
Je zult dat boek nergens krijgen. You won't get that book anywhere.

Note that Dutch has one future auxiliary where English has two ('shall' and 'will').

d) As in English, the future can also be expressed in Dutch using **gaan** instead of **zullen**:

Wij gaan morgen een nieuwe auto kopen. We are going to buy a new car tomorrow.
Gaat u in Amsterdam wonen? Are you going to live in Amsterdam?

e) The future can also be expressed by the present tense in both Dutch and English. This method is used much more frequently in Dutch:

Ik ben morgen thuis. I'll be at home tomorrow/I'm at home tomorrow.

The future tense is not used in Dutch unless some extra meaning is to be conveyed. Its use often implies an intention or a promise:

Ik zal morgen thuis zijn. I will be at home tomorrow.

48 Verbs: infinitive constructions

a) Many common verbs in Dutch also function as auxiliary verbs. They are used in conjunction with another verb which is in the infinitive form. The auxiliary agrees with the subject and is the second item in the sentence. The infinitive is always at the end and may be preceded by **te**.

b) The verbs listed below are used as auxiliaries in conjunction with an infinitive without **te**:

blijven, doen, gaan, helpen, horen, komen, laten let, have (something done), **leren** teach, learn, **vinden, voelen, zien**. For example:

Hij blijft staan. He is standing still.
Het doet me lachen. It makes me laugh.

Like modals, these verbs use an infinitive instead of a past participle. A verb of this class immediately precedes the infinitive already at the end of the sentence:

Ik heb mijn schoenen laten repareren. I have had my shoes repaired.
Zij is komen helpen. She came to help.

c) Below is a list of the most important auxiliary verbs which require insertion of **te**:

beginnen	begin
durven	dare
hoeven	used as negative of **moeten**, for example: **Dat hoef je niet te doen.** You don't have to do that.
hopen	hope

liggen	when used as auxiliary, often translates the English verb 'to be', for example: **Zij ligt te slapen.** She is sleeping.
proberen	try
staan	often translates 'to be', e.g. **Zij staan in de keuken te praten.** They are talking in the kitchen.
vergeten	forget
weten	know, sometimes translates 'to manage to'.
zitten	often translates 'to be'

d) The regular way in which the above verbs form the perfect tense is **hebben/zijn** + past participle + **te** + infinitive. For example:

Ik ben vergeten te schrijven. I forgot to write.
Hij heeft geprobeerd me op te bellen. He tried to ring me.

Note from the second example that infinitives of separable verbs are separated by **te**, as in **op te bellen**. This is always written as three words.

e) When used in the perfect tenses **durven**, **hoeven**, **liggen**, **staan** and **zitten** are partial exceptions to the rule given in section 48c). They form their perfect tenses in the same way as modals: the past participle is replaced by the infinitive, and **te** is dropped:

Wij hebben naar de radio zitten luisteren. We were (sitting) listening to the radio.

Vocabulary

als de bliksem	like lightning, like a shot
de boottocht	boat-trip
een boottocht maken	go on a boat-trip
de broek	pair of trousers
de bruiloft	wedding
de cent	cent (100 = 1 guilder)
de das	tie
deftig	smart, respectable
dom	stupid
er	there

114

er uitzien	look, appear
de handtas	handbag
het hemd	shirt
de hoed	hat
de hoek	corner
hoezo?	sorry? what do you mean?
de jas	coat
het jasje	jacket
jonge jonge!	goodness me!
kijken (gekeken)	look
leren	leather (adj.)
net	tidy, smart
overhebben (overgehad)	have left over
overhouden (overgehouden)	save
overreden (overreed)	persuade
het pak	suit
spe'ciaal	special
geen sprake van	out of the question
stomen (gestoomd)	dry-clean
de tele'visie (TV)	television
verbaasd	amazed, in amazement
het weekend	weekend
zomerkleren	summer clothes

Exercises

45 *Translate the following sentences into English:*
 1 Ik zal hem morgen opbellen.
 2 Hij gaat een nieuwe broek kopen.
 3 Zullen wij naar de bruiloft gaan?
 4 Wat gaat u nu doen?
 5 De kinderen zullen zomerkleren nodig hebben.
 6 Je zult geen cent overhebben.
 7 Waarom gaan ze geen boottocht maken?
 8 De grachten zullen er mooi uitzien.
 9 Gaan we naar de TV kijken?
10 Zij zal het nooit weten.

46 *Translate the following sentences into English:*
 1 Zij zit te lezen.
 2 Ik durf niet te kijken.

3 Zijn jullie vergeten te komen?
4 Ze hebben de hele avond zitten praten.
5 Hoor je haar roepen?
6 Hij hoeft geen nieuwe kleren te kopen.
7 Ik ben begonnen te lezen, maar het boek interesseert me niet.
8 Ziet u hem in de hoek zitten?
9 Wij zijn meteen gaan helpen.
10 Ik heb mijn oude jas laten stomen.

47 *Translate the following sentences into Dutch:*
  1 What are we going to do?
  2 I shall buy a new hat.
  3 They will never forget her.
  4 The little tree is beginning to grow.
  5 He tried to find a tie.
  6 Are the children watching television?
  7 I am teaching him to swim.
  8 Did you (formal) have your jacket cleaned?
  9 You (singular) stood watching in amazement.
10 We heard the neighbour (m) singing in the bath.

Drills

1 *Substitution drill. Substitute the word on the right for the word in* **bold** *type*

Ik zal het morgen proberen.	**jullie**
Jullie zullen het morgen proberen.	**u**
U zult het morgen proberen.	**zij** (singular)
Zij zal het morgen proberen.	**wij**
Wij zullen het morgen proberen.	**jij**
Jij zult het morgen proberen.	**zij** (plural)
Zij zullen het morgen proberen.	**hij**
Hij zal het morgen proberen.	

2 *Stimulus-response drill*
S Zij zitten te praten.
R Wij hebben ook zitten praten.

S Zij staan te kijken.
R Wij hebben ook staan kijken.

116

S Zij liggen te slapen.
R Wij hebben ook liggen slapen.
S Zij vergeten op te bellen.
R Wij zijn ook vergeten op te bellen.
S Zij leren fietsen.
R Wij hebben ook leren fietsen.
S Zij komen kijken.
R Wij zijn ook komen kijken.
S Zij blijven staan.
R Wij zijn ook blijven staan.

CONVERSATION

Wie is het knapste?/who'll be smartest?

Kees **Wij gaan in het weekend naar een bruiloft. Het zijn deftige mensen en we zullen zeker nieuwe kleren nodig hebben.** We're going to a wedding at the weekend. They're smart people and we shall definitely need new clothes.

Fred **Je hebt in jaren geen pak gedragen. Ga je iets speciaals kopen?** You haven't worn a suit for years. Are you going to buy something special?

Kees **Ja, het moet. Ik heb een nette broek en een vrij nieuw jasje, maar die zijn niet goed genoeg volgens Gerda.** Yes, I've got to. I've got a smart pair of trousers and a fairly new jacket, but they aren't good enough according to Gerda.

Fred **Waar is zij, trouwens?** Where is she, by the way?

Kees **O, zij zit naar de TV te kijken. Ze is gisteren al een dure jas gaan kopen.** Oh, she's watching the telly. She's already been and bought an expensive coat yesterday.

Fred **Ze zal beslist een leren handtas moeten kopen – en schoenen ook. En een hoed, en nog meer.** She'll certainly have to have a leather handbag – and shoes too. And a hat, and more besides.

Kees **Jonge jonge! We hebben geen geld daarvoor.** Goodness me! We haven't got any money for that.

Fred **Precies!** Exactly!

Kees **Hoezo?** What do you mean?

Fred **Je hoeft Gerda niet eens te overreden. Je zegt iets van 'Je gaat *die* schoenen toch niet dragen, hoop ik' en ze is als de bliksem weg. Ze vergeet geld voor jou over te houden en er zal geen sprake meer van dat pak zijn.** You won't even have to persuade Gerda. You say something like 'You're not going to wear *those* shoes, I hope' and she'll be off like a shot. She'll forget to save any money for you and that suit will be out of the question.

Kees **Ik zal met een nieuw hemd en een goedkope das tevreden zijn. Wat ben jij slim, zeg – maar ik durf het niet te proberen . . . Vind jij Gerda soms zo dom?** I'll be satisfied with a new shirt and a cheap tie. You are a sly one, but I daren't try it . . . Do you think Gerda's *that* stupid?

Lesson 16

49 Co-ordinating conjunctions

Conjunctions are words which join two sentences together. For example: **en** 'and'.

De hond slaapt en de kat speelt. The dog is sleeping and the cat is playing.

en is described as a co-ordinating conjunction because it joins two sentences, or clauses, of equal importance. The word order is the same in both clauses. Other co-ordinating conjunctions are:

dus	so, thus
maar	but
of	or
want	for, because

Ga je mee of blijf je thuis? Are you coming along or are you staying at home?
Ik zie haar nooit want ze woont zo ver weg. I never see her because she lives so far away.

50 Subordinating conjunctions

Subordinating conjunctions introduce subclauses (see section 51). Below is a list of the main ones:

dat	that

In English, 'that' is not always present, but if it can be inserted, for example 'he says (that) he's coming tomorrow' then **dat** must be included in Dutch: **Hij zegt dat hij morgen komt.**

nadat	after
omdat	because

118

Although **want** and **omdat** can both be translated as 'because', only **omdat** is used to answer the question 'why'.

totdat	until
voordat	before
hoe'wel	although
nu	now that
of	whether

Note the difference in meaning between **of** (or) as a co-ordinating conjunction and **of** (whether) as a sub-ordinating conjunction.

ter'wijl	while
zoals	as
als	if, when
wan'neer	whenever, when
toen	when

NOTE that these last three conjunctions all have a translation 'when'. The student must therefore be careful when translating into Dutch.

als/wanneer are both used to translate 'when' referring to: something which has yet to happen. For example:

Als/wanneer hij komt . . . When he comes . . .

and something which happens repeatedly:

Als/wanneer de zon schijnt, voel ik me gelukkig. When (whenever) the sun shines I feel happy.

toen is only used to refer to an occasion in the past. It is only found with the simple past tense and past perfect tense in Dutch (see sections 53, 54 and 57.)

Toen ik in Amsterdam woonde . . . When I lived in Amsterdam . . .

51 Subclauses

a) An important difference between Dutch and English is the word order in the subclause. A subclause is always dependent on another clause – the main clause. The two are joined by a subordinating conjunction e.g. **dat**.

120

Mijn broer zegt dat hij een nieuwe auto heeft. My brother says (that) he has a new car.

The word order of the main clause is familiar to the student (see section 21a, page 45), but *in the subclause the verb is in final position.*

b) If the verb has a separable prefix which normally stands at the end of the clause, e.g. **hij gaat weg**, the two are reunited in a subclause and written as one word:

. . . dat hij weggaat

c) In the perfect tense, the auxiliary may either precede the past participle or follow it at the end of a subclause:

Mijn broer zegt dat hij een nieuwe auto heeft gekocht/gekocht heeft. My brother says that he has bought a new car.

d) In infinitive constructions (future tense, modal + infinitive, other auxiliary + infinitive. See section 48) the order of items at the end of the subclause is either auxiliary + infinitive, or infinitive + auxiliary.

Mijn broer zegt dat hij een nieuwe auto zal kopen/kopen zal.
Mijn broer zegt dat hij een nieuwe auto moet kopen/kopen moet.
Mijn broer zegt dat hij een nieuwe auto gaat kopen/kopen gaat.

When the perfect tense of an infinitive construction is required, there are three verbs at the end of the subclause. The order is **hebben/zijn** + auxiliary + infinitive.

Mijn broer zegt dat hij een nieuwe auto heeft moeten kopen.
Mijn broer zegt dat hij een nieuwe auto is gaan kopen.

e) If a Dutch sentence has the structure subclause + main clause, then the entire subclause is the first item in the word order of the sentence as a whole. It must then be followed by the main verb which is always second item in the sentence (see section 21a, page 45).

52 zijn + aan + het + infinitive

This construction is often used to translate the English progressive forms as it conveys that a certain action is in progress. For example:

Zij zijn aan het spelen. They are playing.
Ik ben een boek aan het zoeken. I am looking for a book.

It is not used with verbs of motion and position:

Wij gaan naar huis. We are going home.
De spiegel hangt aan de muur. The mirror is hanging on the wall.

Vocabulary

act'eren (geacteerd)	act
de ac'teur	actor
bekend	famous, well-known; familiar
de choco'la (de)	chocolate
commerciëel	commercial
dichtbij	close to
gelijk hebben	be right
het gezicht	face
grappig	funny
hoe kan dat nou!	how on earth . . !
ieder'een	everyone
zich inleven (ingeleefd) in	identify with, get into
missen	lack
de pauze	interval
het pub'liek	audience
'regenen (geregend)	rain
in de rij staan	queue
de re'klame	advert; advertising
spon'taan	spontaneous
het the'ater	theatre
de theatergroep	theatre group
het to'neel	stage
het toneelstuk	play
uitgeven (uitgegeven)	spend
verdienen (verdiend)	earn
'voorkomen (voorgekomen)	appear, seem; occur
voor'komen	prevent (*note where stress is placed*)
het komt mij bekend voor	it seems familiar to me

Exercises

48 *Translate the following sentences into English:*
1 Zij verdienen veel en zij geven veel uit.
2 Ik houd van het theater, maar ik ga ook naar de bioscoop.
3 Blijf je thuis of ga je uit?
4 Het regent, dus wij gaan met de auto.
5 Weet u of het waar is?
6 Ik denk dat hij gelijk heeft.
7 Ze is haar haar aan het wassen.
8 Als het kan, willen wij vanavond naar het theater gaan.
9 Ze zegt dat ze aan het eten zijn.
10 Wanneer het mooi weer is, gaan de kinderen in het park spelen.
11 Zijn gezicht komt mij bekend voor, want ik heb hem op de TV gezien.
12 Hij zegt dat hij veel gelachen heeft omdat het stuk zo grappig is.

49 *Translate the following sentences into Dutch:*
1 He watches television and she listens to the radio.
2 We are washing the car.
3 He acts well, but he is not famous.
4 I think that you (formal) are right.
5 She wants to know whether you (singular) are working
6 Are you (plural) going to a restaurant before you go to the theatre?
7 If it is nice weather I shall go to the beach.
8 When it rains I stay at home.
9 Are you (singular) learning French or do you speak it already?
10 We aren't going along because we've already seen the play.

Drills

1 *Stimulus-response drill*
S Spelen de kinderen?
R Ja, ze zijn aan het spelen.

S Eten jullie?
R Ja, we zijn aan het eten.

S Leest ze?
R Ja, ze is aan het lezen.

S Schrijf je?
R Ja, ik ben aan het schrijven.

S Koopt hij een boek?
R Ja, hij is een boek aan het kopen.

S Wassen ze de auto?
R Ja, ze zijn de auto aan het wassen.

S Werkt ze?
R Ja, ze is aan het werken.

2 *Stimulus-response drill*
S Waarom fiets je?
R Omdat ik graag fiets.

S Waarom doe je dat?
R Omdat ik dat graag doe.

S Waarom werk je?
R Omdat ik graag werk.

S Waarom acteer je?
R Omdat ik graag acteer.

S Waarom studeer je?
R Omdat ik graag studeer.

S Waarom kook je?
R Omdat ik graag kook.

S Waarom bel je op?
R Omdat ik graag opbel.

CONVERSATION

Pauze/interval

Henk **Het verbaast me dat we kaarten voor vanavond hebben kunnen krijgen. Het is zo ontzettend druk.** It amazes me that we managed to get tickets for tonight. It's so terribly busy.

Roos **Hoe lang is de pauze? Denk je dat we tijd hebben voor een kopje koffie?** How long is the interval? Do you think we have time for a cup of coffee?

Henk **Jazeker. Zullen we in de rij gaan staan?** Of course. Shall we go and stand in the queue?

Roos   Hoe vind je het toneelstuk? Goed geacteerd, hè? What do you think of the play? Well acted, isn't it?

Henk   **Ik vind dat het stuk zelf iets mist, hoewel het best grappig is. Maar zoals je zegt, kunnen die mensen goed acteren.** I think the play itself lacks something, although it's quite funny. But as you say, those people can act.

Roos   **Ze zijn in ieder geval enthousiast en spontaan. Dat is het leuke van deze kleine theaters – dat het publiek dichtbij het toneel zit en zich in het stuk makkelijk in kan leven.** They're enthusiastic and spontaneous, at any rate. That's the nice thing about these little theatres – that the audience sits close to the stage and can get into the play easily.

Henk   **Weet jij of die jonge acteur bekend is? Ik ken zijn gezicht.** Do you know whether that young actor is well-known? I know his face.

Roos   **Nu je het zegt, zie ik wat je bedoelt. Volgens mij heb ik hem op de TV gezien in een reklame voor chocola. Kan dat?** Now that you mention it, I can see what you mean. I reckon I've seen him on television in an advert for chocolate. Is that possible?

Henk   **Je hebt gelijk! Hij verdient zeker niet zo veel bij deze theatergroep. Ook als je niet erg bekend bent, kun je toch meer met commerciële dingen verdienen –** You're right! He probably doesn't earn that much with this theatre group. Even if you're not very well-known, you can earn more from commercial things –

Roos   **Henk! Heb jij de bel gehoord! Iedereen is weg! Hoe kan dat nou!** Henk! Did you hear the bell? Everyone's gone! How on earth . . .!

Lesson 17

53 Weak verbs: past tense

a) The past tense of weak verbs consists of stem + **te(n)/de(n)**
Verbs whose stem ends in **p, t, k, s, f, ch** (remember **'t kofschip**) add
-te(n) and the rest add **de(n)**.

past tense	*past tense*
hopen	**betalen**
ik hoopte	**ik betaalde**
jij hoopte	**jij betaalde**
u hoopte	**u betaalde**
hij hoopte	**hij betaalde**
wij hoopten	**wij betaalden**
jullie hoopten	**jullie betaalden**
u hoopte	**u betaalde**
zij hoopten	**zij betaalden**

b) Verbs whose stem ends in -t add -**te(n)** according to the rule given
above, and verb stems ending in -d add -**de(n)**:

infinitive	*stem*	*past tense*	
praten (to talk)	**praat**	**praatte** (*sing.*)	**praatten** (*pl.*)
redden (to save)	**red**	**redde** (*sing.*)	**redden** (*pl.*)

PRONUNCIATION NOTE Because of the tendency not to pronounce -n
at the end of words in Dutch, **praten, praatte** and **praatten** look
different but sound the same. And note that in the second example
the infinitive and the plurals of the present and past tense look and
sound identical.

c) Verbs whose infinitives contain **v** and **z**, but whose stems end in -**f**
and -**s** have the **f, s,** spelling in the past tense, although these are
pronounced **v** and **z** respectively:

infinitive	stem	past tense	
leven (to live)	**leef**	**leefde** (*sing.*) [leevde]	**leefden** (*pl.*) [leevde]
verhuizen (to move house)	**verhuis**	**verhuisde** (*sing.*) [verhuizde]	**verhuisden** (*pl.*) [verhuizde]

d) Separable verbs behave in the same way in the past tense as in the present, i.e. verb and prefix are separate in a main clause and joined in a subclause. For example:

Hij belde gisteren op. He rang up yesterday.
Ze zei dat hij gisteren opbelde. He said that he rang up yesterday.

54 Strong verbs: past tense

a) The past tense of strong verbs involves a change of vowel in the stem with no ending in the singular and **-en** in the plural:

infinitive	past tense	
zingen	zong	zongen
schrijven	schreef	schreven
dragen	droeg	droegen
hangen	hing	hingen
slapen	sliep	sliepen
lezen	las	lazen

SPELLING NOTE **f** and **s** in the singular, **v** and **z** in the plural of **schrijven** and **lezen**.

Because the vowel change cannot be predicted, the student is advised to turn to the list of strong verbs on page 182 and learn it; so from now on, when a new strong verb is introduced, the past tense and past participle will not be given.

b) Irregular verbs (see section 34) will also be included in this list. They often show other changes besides the vowel:

infinitive	stem	past tense	
brengen	breng	bracht	brachten
doen	doe	deed	deden
kopen	koop	kocht	kochten

c) The past tense of modal verbs is included in the list.

55 Hebben and zijn: past tense

The past tense of **hebben** and **zijn** are shown below and must be learnt.

hebben	**zijn**
ik had	**ik was**
jij had	**jij was**
u had	**u was**
hij had	**hij was**
wij hadden	**wij waren**
jullie hadden	**jullie waren**
u had	**u was**
zij hadden	**zij waren**

56 Use of the past tense

a) The past tense is not used as frequently in Dutch as in English because an English past tense is usually rendered by the perfect in Dutch (see section 30). The past tense is used in Dutch when narrating a series of events. For example:

Ik ging de stad in, kocht een plaat, ging op een terrasje zitten, en daarna liep ik naar huis. I went into town, bought a record, went and sat on a café-terrace, and afterwards I walked home.

b) The past tense in Dutch is always used after the subordinating conjunction **toen**. For example:

Toen ik in Amsterdam woonde, ging ik vaak naar het theater. When I lived in Amsterdam, I often went to the theatre.

c) **hebben** and **zijn** are used more frequently in the past tense than in

128

the perfect, although the perfect is not wrong in most cases. For example:

Ik was in de stad. I was in town.
Ik ben in de stad geweest. I was in town.

The past tense must be used if **hebben** and **zijn** indicate a permanent state:

Hij is voor zijn examen geslaagd, maar hij was ook altijd knapper dan ik. He passed his exam, but he always was cleverer than me.

Vocabulary

aanbieden (strong)	offer
aannemen (strong)	accept
de betrekking	post, job
breed	wide, broad
de chef	boss
de ervaring	experience
de firma	firm, company
gaan zitten	sit down
veel gemeen hebben met iemand	have a lot in common with someone
de groothandel	wholesale business
de handelsreiziger	commercial traveller
hè	isn't it, wasn't it etc.
huidig	present (adj.)
de kantoorbediende	clerk
knap	clever; good-looking
de kruide'nier	grocer
het luxeartikel	luxury item
de manager [meneger]	manager
neerzetten	put down
opgeven (strong)	give up
goed met iemand opschieten	get on with someone well
het personeel	personnel, staff
de plaat	record
sollici'teren	apply
toen	then, at that time
veranderen van	change
de verkoopleider	sales manager

in verwachting	expecting a baby
wegrijden	drive off
de werkzaamheid	occupation
de winkelbediende	shop-assistant
zwanger	pregnant

Exercises

50 *Give the past tense, singular and plural, of the following weak verbs:*
hopen, groeien, bouwen, maken, leven, praten, verhuizen, zetten,
blaffen, branden

51 *Give the past tense, singular and plural, of the following strong and
irregular verbs:*
schrijven, gaan, brengen, lezen, lopen, vragen, staan, nemen,
kopen, hangen

52 *Translate the following sentences into English:*
1 Wij betaalden en gingen weg.
2 Gisteren was het mooi weer.
3 Ze zaten de hele avond te praten.
4 Jullie hadden drie katjes, dacht ik.
5 Het waren onze buren toen we in Utrecht woonden.
6 Hij had een grote tuin voordat hij verhuisde.
7 Was u tevreden toen u daar werkte?
8 We gingen mee, stapten in de auto, en reden toen weg.
9 Ze praatte heel vriendelijk tegen me toen ze opbelde.
10 De jongen redde de hond en nam hem mee naar huis.

53 *Translate the following sentences into Dutch. Use the past tense even
though the perfect is acceptable in some cases, as in sentence 4:*
1 It was a nice party, wasn't it?
2 You (plural) had a very old car.
3 I knocked at the door, opened it and went in.
4 We were in town yesterday.
5 Didn't you (singular) have a new bicycle?
6 When he saw us, he laughed.
7 They built a house and went to live there.
8 I carried the case, put it down, and sat down on it.
9 At that time, she only spoke English.
10 When I offered him the job, he accepted it.

Drills

1 *Substitution drill. Substitute the word on the right for the word in* **bold** *type*

Wij waren gisteren thuis.	**ik**
Ik was gisteren thuis.	**hij**
Hij was gisteren thuis.	**jullie**
Jullie waren gisteren thuis.	**jij**
Jij was gisteren thuis.	**zij** (plural)
Zij **waren** gisteren thuis.	**bleven**
Zij bleven gisteren thuis.	**ik**
Ik bleef gisteren thuis.	**wij**
Wij bleven gisteren thuis.	**u**
U bleef gisteren thuis.	

2 *Stimulus-response drill to practise* **er** = *there*

S Hij lag toen in bed.
R Hij ligt er nog.

S Hij zat toen in de keuken.
R Hij zit er nog.

S Hij was toen thuis.
R Hij is er nog.

S Hij stond toen op de hoek.
R Hij staat er nog.

S Hij liep toen op straat.
R Hij loopt er nog.

S Hij sliep toen in de tuin.
R Hij slaapt er nog.

S Hij bleef toen in the stad.
R Hij blijft er nog.

CONVERSATION

Sollicitatiegesprek/interview

Meneer Timmers **Komt u binnen, meneer Smit. Gaat u zitten. U heeft dus naar de betrekking van verkoopleider gesolliciteerd.** Come in, Mr. Smit. Sit down. So you have applied for the post of sales manager.

Meneer Smit **Ja, dat klopt.** Yes, that is right.

Meneer Timmers **Ik lees uit uw brief dat u niet veel ervaring op dit gebied hebt.** I see from your letter that you haven't much experience in this field.

Meneer Smit **Niet als manager, nee. Maar ik heb wel een brede ervaring in allerlei banen.** Not as a manager, no. But I do have wide experience of all kinds of jobs.

Meneer Timmers **Vertelt u ons eens wat van uw vroegere werkzaamheden.** Tell us something about your previous occupations.

Meneer Smit **Toen ik van school ging, werkte ik als winkelbediende bij een kruidenier. Daarna had ik een baan als kantoorbediende bij een firma in de groothandel, en de laatste jaren heb ik als handelsreiziger in luxeartikelen gewerkt. Dat doe ik nog steeds.** When I left school, I worked as a shop-assistant in a grocer's. Afterwards I had a job as a clerk with a firm in the wholesale business, and in recent years, I have worked as a commercial traveller in luxury goods. That's what I'm still doing.

Meneer Timmers **Waarom wilt u van baan veranderen?** Why do you want to change jobs?

Meneer Smit **Omdat ik nu getrouwd ben. Mijn vrouw vond het niet erg in het begin, maar ze is nu in verwachting.** Because I'm married now. My wife didn't mind at first, but now she's expecting a baby.

Meneer Timmers **Ja, ja. Dat kan ik heel goed begrijpen. Mijn vrouw was ook zwanger toen ik ook zo'n baan**

opgaf. Uw huidige chef heeft een erg aardige brief over u geschreven. Quite. I quite understand. My wife was also pregnant when I gave up a similar job. Your present boss has written a very nice letter about you.

Meneer Smit **O ja? We kunnen heel goed met elkaar opschieten.** Has he? We get on very well together.

Meneer Timmers **Dat is natuurlijk belangrijk voor een manager. U zult inderdaad veel met uw personeel gemeen hebben. Dat is een groot voordeel. Ik bied u de baan aan.** That's important for a manager, of course. You will indeed have a lot in common with your staff. That's a great advantage. I'm offering you the job.

Meneer Smit **En ik neem hem met plezier aan.** And I accept it with great pleasure.

Lesson 18

57 Past perfect tense

The past perfect tense uses the past tense of **hebben** or **zijn** + past participle, as in:

Ik had al eerder in Amsterdam gewoond. I had lived in Amsterdam before.
Zij was met de trein gegaan. She had gone by train.

The use of this tense corresponds to its use in English.

58 Conditional tense

a) This tense is like English 'would' + infinitive. It consists of the past tense of **zullen** + infinitive.

past tense
zullen

ik zou	**wij zouden**
jij zou	**jullie zouden**
u zou	**u zou**
hij zou	**zij zouden**

Hij zou het vervelend vinden. He would find it boring.
Als jullie mee konden rijden, zouden jullie naar het feest gaan. If you could have a lift, you would go to the party.

b) An important use of **zou** in Dutch is in polite requests. It is used to render English 'please?'.

Zou ik meneer Timmers kunnen spreken? Could I speak to Mr. Timmers, please?
Zou je dat voor me kunnen doen? *or*
Zou je dat voor me willen doen? Could you do that for me please?

Zou ik uw pen mogen lenen? Please may I borrow your pen?

A polite but less formal way of asking for something is to use the past tense of **willen** (i.e. **wou** followed by **graag**), instead of **zou** + **willen**:

Ik wou graag een kilo aardappelen. I would like a kilo of potatoes.
Ik wou graag weten . . . I would like to know . . .

The student will find these forms invaluable and must learn to adapt them to the situation in which he may find himself.

59 Numbers

a) cardinal numbers

1	een	20	twintig
2	twee	21	eenentwintig
3	drie	22	tweeëntwintig
4	vier	30	dertig
5	vijf	40	veertig
6	zes	50	vijftig
7	zeven	60	zestig
8	acht	70	zeventig
9	negen	80	tachtig
10	tien	90	negentig
11	elf	100	honderd
12	twaalf	101	honderd een
13	dertien	121	honderd eenentwintig
14	veertien	200	tweehonderd
15	vijftien	222	tweehonderd tweeëntwintig
16	zestien	1000	duizend
17	zeventien	2222	tweeduizend tweehonderd tweeëntwintig
18	achttien		
19	negentien	1,000,000	miljoen

By following the pattern shown for 20, 21, 22, the student will be able to form any number between 20 and 99. The smaller number precedes the unit of ten and the two are linked by **en** (**ën** when the number ends in **-e**. This is always written as one word. Note from 222 that the hundreds and tens are written separately, and from 2222 that the thousands, hundreds and tens are written separately.

b) ordinal numbers

1st	**eerste**	15th	**vijftiende**	
2nd	**tweede**	16th	**zestiende**	
3rd	**derde**	17th	**zeventiende**	
4th	**vierde**	18th	**achttiende**	
5th	**vijfde**	19th	**negentiende**	
6th	**zesde**	20th	**twintigste**	
7th	**zevende**	21st	**eenentwintigste**	
8th	**achtste**	30th	**dertigste**	
9th	**negende**	100th	**honderdste**	
10th	**tiende**	101st	**honderdeerste**	
11th	**elfde**	121st	**honderdeenentwintigste**	
12th	**twaalfde**	1000th	**duizendste**	
13th	**dertiende**	2222nd	**tweeduizendtweehonderd-**	
14th	**veertiende**		**tweeëntwintigste**	
		1,000,000th	**miljoenste**	

Note that all ordinal numbers are written as one word.

60 Dates

a) How to ask the date (**de datum**) in Dutch:

De hoeveelste is het vandaag? What is the date today?

If the month given, the cardinal number is used. For example:

Het is drie september. It is the third of September.

If the month is not given, the ordinal number is used. For example:

Het is de derde. It is the third.

A date (**het jaartal**) such as 1983 is spoken as **negentien drieëntachtig**.

b) The days of the week are:

maandag
dinsdag
woensdag
donderdag

vrijdag
zaterdag
zondag

c) The months are as follows:

januari
februari
maart
april
mei
juni
juli
augustus
september
oktober
november
december

Note that they are not written with a capital letter.

61 Money

The main unit of currency in Holland is the guilder **de gulden**, written **f** which stands for florijn, an old word for what is now a guilder. It is divided into 100 cents (**centen**). Gulden and centen are both used in the singular when quoting amounts.

f	0.05	**vijf cent**	=	**een stuiver**
f	0.10	**tien cent**	=	**een dubbeltje**
f	0.25	**vijfentwintig cent**	=	**een kwartje**
f	1.00	**een gulden**		
f	2.00	**twee gulden**		
f	2.50	**twee gulden vijftig**	=	**een rijksdaalder**
f	10.00	**tien gulden**	=	**een tientje**

62 Weights and measures

These are metric and will probably be familiar to the student. Look out for any differences in spelling:

het gram	=	1 gram		
het ons	=	100 gram		
het pond	=	500 gram	=	een half kilo
het kilo	=	1000 gram		

The units are always used in the singular when quoting amounts. For example:

250 gram	=	twee en een half ons	=	een half pond

de centimeter	=	centimetre
de meter	=	metre
de kilometer	=	kilometre

These are also always used in the singular after a number.

Vocabulary

anderhalf	one and a half
bedenken	think of
het bevalt me	it pleases me, I like it
de biefstuk	rump steak
de boter	butter
een briefje van f10	a ten guilder note
een dagje uit	a day trip, a day out
de datum	date
Duitsland	Germany
Frankrijk	France
het gehakt	mince, minced meat
het jaartal	date (= year)
de kaas	cheese
de keer	time
naar zijn zin	to one's liking
ik had het naar mijn zin	it was to my liking
nog iets	something else
de schoonmoeder	mother-in-law
de slager	butcher

Spaans	Spanish
Spanje	Spain
de Spanjaard	Spaniard
terugkrijgen (strong)	get back, be given as change
thee/koffie zetten	make tea/coffee
vaak	often
met vakantie gaan	go on holiday
met vakantie zijn	be on holiday
van . . . vandaan	from (when giving distance)
vergelijken met	compare with
wisselen	change

Exercises

54 *Translate the following sentences into English:*
1 Ik was te vroeg aangekomen.
2 De trein was op tijd vertrokken.
3 Had je de wijn al besteld?
4 Wij hadden tien kilometer gereden.
5 De slager had mij drie ons gehakt gegeven.
6 Ik was in juni bij mijn schoonmoeder op bezoek geweest.
7 Ze zei dat ze twaalf gulden vijftig had betaald.
8 Zij waren in september naar Duitsland met vakantie gegaan.

55 *Translate the following sentences into English:*
1 Zou ik uw paraplu mogen lenen?
2 Jullie zouden in augustus met vakantie kunnen gaan.
3 Zou je de deur dicht kunnen doen?
4 Als wij genoeg geld hadden, zouden wij naar de film gaan.
5 Ik wou graag anderhalf pond kaas.
6 Zou dat meer dan tien gulden kosten?
7 Zou je thee willen zetten?
8 Zou ik de secretaresse kunnen spreken?

56 *Translate the following sentences into Dutch:*
1 He had seen that film already.
2 They had given her a present.
3 Had you (formal) applied for many jobs?
4 Please may I borrow your (singular) bicycle?

5 Their house is five kilometres from the station.
6 I would like half a kilo of butter, please.
7 He said he had been in England.
8 Could you (singular) give me that pen, please?
9 She said it would cost ten guilders.
10 If they had a car, they would come along.

Drills

1 *Stimulus-response drill*
S Het is vandaag drie september.
R Ja, het is de derde.

S Het is vandaag negen mei.
R Ja, het is de negende.

S Het is vandaag eenentwintig maart.
R Ja, het is de eenentwintigste.

S Het is vandaag elf januari.
R Ja, het is de elfde.

S Het is vandaag drieëntwintig oktober.
R Ja, het is de drieëntwintigste.

S Het is vandaag veertien februari.
R Ja, het is de veertiende.

S Het is vandaag vier juni.
R Ja, het is de vierde.

2 *Stimulus-response drill*
S Twee boeken?
R Nee, drie boeken.

S Zes pennen?
R Nee, zeven pennen.

S Negentien bomen?
R Nee, twintig bomen.

S Elf kranten?
R Nee, twaalf kranten.

S Vijftig mensen?
R Nee, eenenvijftig mensen.

S Dertien broodjes?
R Nee, veertien broodjes.
S Acht auto's?
R Nee, negen auto's.

CONVERSATION

Frankrijk? Spanje? Of Zandvoort?/France? Spain? Or Zandvoort?

Mevr Zwart	**Goede morgen, meneer de Wit. Hoe gaat het met u? Leuke vakantie gehad?** Good morning, Mr de Wit. How are you? Did you have a nice holiday?
Meneer de Wit	**Nou, ik vind Spanje niks bijzonders. Behalve dan het weer. Maar we waren al vaak naar Frankrijk gegaan.** Well, I don't think Spain's up to much. Except for the weather. But we'd already been to France so many times.
Mevr Zwart	**Ik wou graag . . .** Could I have . . .
Meneer de Wit	**Zegt u het maar, mevrouw. En dat Spaanse eten is niks vergeleken met het Franse.** What can I do for you? . . . And Spanish food is nothing compared to French food.
Mevr Zwart	**Ik zou graag een pond gehakt willen hebben.** Could I possibly have a pound of mince?
Meneer de Wit	**Vijfhonderd gram gehakt. Geef mij maar een lekkere biefstuk zoals we in Frankrijk hebben gehad. Was er nog iets?** Five hundred grammes of mince. Give me a tasty steak like we had in France any day. Was there anything else?
Mevr Zwart	**Nee. Dat was het dus. Ik dacht dat u het daar niet naar uw zin had gehad.** No. That's all. I thought you hadn't liked it there.
Meneer de Wit	**Ja, dat hadden wij toen ook gedacht, maar ik zou nu nooit naar Spanje teruggaan. Zes gulden vijfenzestig.** Yes, that's what we'd thought at the time, too, but I'd never go back to Spain. Six guilders sixty-five cents.

Mevr Zwart   **Ik heb alleen maar een briefje van honderd gulden. Alstublieft.** I've only got a hundred-guilder note. Here you are.

Meneer de Wit   **Dank u wel. Ik kan het makkelijk wisselen. Dat is dus drieënnegentig gulden vijfendertig terug. Bent u al met vakantie geweest?** Thank you. I can easily change it. That's ninety-three guilders thirty-five cents change. Have you already been on holiday?

Mevr Zwart   **Ik zou het graag willen. Misschien een dagje uit naar het strand. Dat zou de kinderen heel goed bevallen, meneer de Wit. Waarom had ik dat niet eerder bedacht? Ik zal ze mee in de trein naar Zandvoort nemen. Dank u wel! Dag!** I would really like to. Perhaps a day trip to the beach. That would really please the children, Mr de Wit. Why hadn't I thought of that before? I shall take them with me in the train to Zandvoort. Thank you very much. 'Bye-bye.

Lesson 19

63 Er

a) The student has already encountered this word in two of its functions, when it meant either 'it' or 'there'. However, it is important to remember that in fact, **er** has *four separate functions*.

b) As an adverb of place meaning 'there'.

Ze heeft er vier jaar gewoond. She lived there for four years.

Note that **er** can precede an adverbial expression of time. **Er** only occurs in unstressed positions. In stressed positions, such as at the beginning of a sentence, **er** is replaced by **daar**.

Daar heeft ze vier jaar gewoond. She lived there for four years.

c) Er also has a pronominal function. The pronouns **het, hem** and **ze** referring to things cannot be used after prepositions in Dutch, and the construction **er** + preposition is employed instead. It can either be written as one word:

De kinderen spelen vaak ermee. The children often play with it.
Ik heb een half uur erop gewacht. I've waited for it for half an hour.

or can be separated by other items such as adverbial expressions:

De kinderen spelen er vaak mee. Ik heb er een half uur op gewacht.

In this function, **er** can be replaced by **daar** which is translated by 'that':

De kinderen spelen daar vaak mee. The children often play with that.

It can also be replaced by **hier** which is translated by 'this':

De kinderen spelen hier vaak mee. The children often play with this.

Er is replaced by **waar** when asking a question.

Waar spelen de kinderen mee? What are the children playing with?

d) **Er** also has a partitive function. It is used when talking about a quantity or amount of something and is translated by 'of it' and 'of them':

Hoeveel kaarten heb je? Ik heb er vier. How many tickets have you got? I've got four (of them).
Ik heb er genoeg gehad. I've had enough (of it/them).

Note that **er** must be present in Dutch, although 'of it/them' is usually omitted in English.

e) **Er** also has an introductory function in sentences with an indefinite subject. It takes up the position normally occupied by the subject:

Er staat een man op de hoek. There is a man standing on the corner.
Vanmorgen was er geen melk in de koelkast. There was no milk in the fridge this morning.

In a question, **er** and the verb are inverted:

Is er geen melk in de koelkast? Is there no milk in the fridge?

64 Relative clauses

a) Relative clauses are introduced by relative pronouns and have the same word order as subclauses (see section 50). In Dutch, the demonstratives **die** and **dat** also function as relative pronouns. A relative clause supplies information about a preceding noun.
die is used to refer back to all people, singular common nouns and all plurals:

Kent u de man die daar op de hoek staat? Do you know the man who is standing there on the corner?
Hier is de jurk die ik gisteren gekocht heb. Here is the dress (which) I bought yesterday.
Hoe vind je de tekeningen die ik zelf heb gemaakt? What do you think of the drawings (which) I did myself?

dat is used to refer to singular neuter nouns:

Het boek dat ik pas gelezen heb, is uitstekend. The book (which) I have just read is excellent.
Hier is het huis dat zij kopen wil. Here is the house (that) she wants to buy.

Note that the relative pronoun must be present in Dutch whereas 'who/which/that' may be left out in English.

b) When the relative clause refers to people and the relative pronoun is preceded by a preposition, **die** is replaced by **wie**.

De jongen aan wie ze het geld gaf, is haar broer. The boy to whom she gave the money is her brother.
De man van wie dit huis is, heeft tien katten. The man whose house this is has ten cats.

c) When the relative clause refers to things and a preposition is used, it is introduced by **waar** + preposition:

De pen waarmee ik schrijf, is van hem. The pen I am writing with is his.
De platen waarnaar jullie luisteren zijn erg oud. The records you are listening to are very old.

65 Om + te + infinitive

a) This construction has two main functions:
to express a purpose:

Wij gaan naar Den Haag om het Parlementsgebouw te zien. We are going to The Hague to see the parliament building.
Hij heeft een bosje bloemen gekocht om haar op te vrolijken. He bought a bunch of flowers (in order) to cheer her up.

and to describe the function of a preceding noun:

Een tas om boeken in te dragen. A bag for carrying books in.
Dat is geen mes om brood mee te snijden. That isn't a knife for cutting bread.

Note that **om** introduces the construction, and the infinitive, immediately preceded by **te**, is always in final position.

b) There are many other cases – when no purpose, nor a function of a preceding noun is expressed – where this construction is used, but **om** can be left out. For example:

Vergeet niet (om) te komen. Don't forget to come.
Hij weigerde (om) het te doen. He refused to do it.
Wij zijn van plan (om) naar een concert te gaan. We are intending to go to a concert.

Vocabulary

de afspraak	appointment
de a'genda	diary
de bank	bank; settee
de bloem	flower
het con'cert	concert
dank u	Thank you. *Warning! This is often used when refusing something, so it can be equivalent to* 'No, thank you'.
de direc'teur	director, headmaster, manager
he'laas	unfortunately
jee	oh dear
lo'geren	stay
de melk	milk
het mes	knife
het ontbijt	breakfast
opvrolijken	cheer up
het pa'pier	paper
het postkantoor	post office
de postzegel	stamp
de re'actie (op)	reaction (to)
het schepje	spoonful
scherp	sharp
snijden (strong)	cut
de suiker	sugar
de tekening	drawing
tweede'hands	second-hand
van plan zijn	intend
het volgende	the following
vrij	free
wandelen	walk, go for a walk

weigeren	refuse
woensdag	Wednesday

Exercises

57 *Translate the following sentences into English:*
 1 Ze hebben er jaren gewoond.
 2 Er loopt een meisje in de straat.
 3 Hij logeert er vaak.
 4 Was er genoeg brood voor het ontbijt?
 5 Hier is een mes. Kun je daar vlees mee snijden?
 6 Hoeveel postzegels wilt u? Ik heb er drie nodig.
 7 Vindt u koffie lekker? Nee ik houd er niet van.
 8 Nog een schepje suiker? Dank u, ik heb er al twee gehad.
 9 Hebben jullie een radio? Ja, maar we luisteren er nooit naar.
10 Waren er veel mensen in het postkantoor? Er waren er een paar.

58 *Translate the following sentences into English:*
 1 De jongen die daar staat, is mijn broer.
 2 Dat zijn de mensen bij wie hij logeert.
 3 Ze weigerde om mee te gaan.
 4 Ik ga naar het postkantoor om postzegels te kopen.
 5 De tekening die boven de bank hangt, is erg mooi.
 6 Hier is het tafeltje dat ik tweedehands gekregen heb.
 7 Het is geen park om in te wandelen.
 8 Dit zijn de bloemen waar ze het meest van houdt.
 9 De messen die op tafel liggen, zijn niet scherp.
10 Zie je die stoel waar de poes op zit? Die is van mijn zus.

59 *Translate the following sentences into Dutch:*
 1 There is a kitten playing in the garden.
 2 Have you (formal) got a stamp? Yes, I've got two.
 3 Where is the radio? The children are listening to it.
 4 The people she is talking to are very kind.
 5 The house they live in is too big.
 6 I need a bottle of milk. Haven't you (singular) got any?
 7 They sat there all afternoon.
 8 Take the cup which is on the table.
 9 The neighbours who live in the small house are very friendly.
10 Here is the park in which we like to walk.

11 This is the man to whom I gave the money.
12 He did it in order to get rich.

Drills

1 *Substitution drill. Substitute the word on the right for the word in* **bold** *type*

Dit is het **boek** dat ik gezocht heb.	**krant**
Dit is de **krant** die ik gezocht heb.	**brieven**
Dit zijn de **brieven** die ik gezocht heb.	**mes**
Dit is het **mes** dat ik gezocht heb.	**kopjes**
Dit zijn de **kopjes** die ik gezocht heb.	**pen**
Dit is de **pen** die ik gezocht heb.	**tekeningen**
Dit zijn de **tekeningen** die ik gezocht heb.	**geld**
Dit is het **geld** dat ik gezocht heb.	**papieren**
Dit zijn de **papieren** die ik gezocht heb.	**tas**
Dit is de **tas** die ik gezocht heb.	

2 *Stimulus-response drill*

S Staat de radio op de tafel?
R Ja, hij staat erop.

S Staan de kopjes in de kast?
R Ja, ze staan erin.

S Staat de fiets tegen de boom?
R Ja, hij staat ertegen.

S Staat de auto voor het huis?
R Ja, hij staat ervoor.

S Ligt het boek onder de bank?
R Ja, het ligt eronder.

S Ligt de tuin achter het huis?
R Ja, hij ligt erachter.

S Staat de koelkast naast het raam?
R Ja, hij staat ernaast.

CONVERSATION

Een onwelkome afspraak/an unwanted appointment

Mevr Willems	**Met mevrouw Willems.** Mrs Willems speaking.
Meneer de Haan	**Met Peter de Haan. Zou ik meneer de Jong kunnen spreken?** This is Peter de Haan. Could I speak to Mr de Jong, please?
Mevr Willems	**Met wie spreek ik?** Who is that speaking?
Meneer de Haan	**Ik ben Peter de Haan. Meneer de Jong had beloofd om mij op te bellen, maar ik heb nog niets van hem gehoord.** I am Peter de Haan. Mr de Jong had promised to give me a ring, but I haven't heard anything from him yet.
Mevr Willems	**Bent u de meneer die die tweedehands auto wil kopen?** Are you the gentleman who wants to buy that secondhand car?
Meneer de Haan	**Helaas niet, mevrouw. Ik ben de directeur van de bank. Ik heb uw chef een paar brieven geschreven, maar ik heb er geen reactie op gekregen.** I'm afraid not. I am the bank manager. I've written your employer a few letters, but I've had no reaction to them.
Mevr Willems	**Het spijt mij, maar meneer de Jong is er vandaag niet. Ik ben zijn secretaresse. Kan ik u helpen? Ik weet wel dat hij van plan was om u schrijven, maar vandaag heeft hij een afspraak die erg belangrijk is.** I'm sorry, but Mr de Jong isn't in today. I'm his secretary. Can I help you? I do know that he was intending to write to you, but he has an appointment today which is very important.
Meneer de Haan	**Is hij morgen middag vrij?** Is he free tomorrow afternoon?
Mevr Willems	**Eh . . . Dat weet ik niet zeker.** Er . . . I'm not sure.
Meneer de Haan	**U bent zijn secretaresse, toch? Heeft hij geen agenda?** But you are his secretary, aren't you? Doesn't he have a diary?
Mevr Willems	**Jawel, natuurlijk . . . maar hij schrijft er niet alles in.** Yes, of course . . . but he doesn't write everything down in it.

Meneer de Haan	**Zou u zo goed willen zijn om het volgende erin te schrijven: morgen, woensdag dus, om drie uur 's middags, afspraak met meneer de Haan bij hem – Firma de Jong, dus. Dank u wel. Dag, mevrouw.** Would you be so kind as to write the following down in it: tomorrow – Wednesday, that is, at three o'clock in the afternoon at his office – at de Jong's, that is. Thank you. Goodbye.
Mevr Willems	**Dag! O jee!** Goodbye. Oh dear!

Lesson 20

66 Verbs – the passive

a) So far, the student has only encountered active sentences such as **Hij legt het bord op de tafel.** He puts the plate on the table.

Active sentences are related to passive sentences in the following way: the object of the active sentence (**het bord**) is the subject of the passive sentence. The action denoted by the verb is being performed upon it by the subject of the active sentence:

Het bord wordt door hem op de tafel gelegd. The plate is put on the table by him.

b) The present tense of the passive verb is formed using the present tense of the auxiliary **worden** + past participle. It is given in full using **uitnodigen** (to invite) as an example:

ik word uitgenodigd	**wij worden uitgenodigd**
jij wordt uitgenodigd	**jullie worden uitgenodigd**
u wordt uitgenodigd	**u wordt uitgenodigd**
hij wordt uitgenodigd	**zij worden uitgenodigd**

In a passive sentence the auxiliary verb agrees with the subject and the past participle is in final position. The word **door** renders English 'by'. Thus:

Wij worden door de buren op een dineetje uitgenodigd. We are invited to dinner by the neighbours.

c) The simple past tense is formed using the past tense of **worden** + past participle. The past tense of **worden**, which is a strong verb, is **werd** in the singular and **werden** in the plural. For example:

Wij werden door de buren op een feest uitgenodigd. We were invited to a party by the neighbours.
Het jongetje werd door zijn moeder gewassen. The little boy was washed by his mother.

d) In the perfect tenses of the passive, a different auxiliary verb is used: **zijn**. The present tense of this auxiliary is used to form the present perfect. For example:

Wij zijn door de buren op een diner uitgenodigd. We have been invited to dinner by the neighbours.
Het jongetje is door zijn moeder gewassen. The little boy has been washed by his mother.

and the past tense of **zijn** is used to form the past perfect:

Wij waren door de buren op een diner uitgenodigd. We had been invited to dinner by the neighbours.
Het jongetje was door zijn moeder gewassen. The little boy had been washed by his mother.

e) Dutch has an impersonal passive construction introduced by **er** with no subject present. It has no grammatical equivalent in English. It conveys that the action denoted by the verb is being carried out by no particular person.

Er wordt hier hard gewerkt. Hard work is done here.
Er werd veel gelachen. There was a lot of laughing.

f) er can also introduce a passive sentence with an indefinite subject. This is a similar construction to the one discussed in section 63e, page 143.

Er worden tweedehands meubels op de markt verkocht.
Second-hand furniture is sold in the market.
Er werd die avond geen bier gedronken. No beer was drunk that evening.

67 Verbs: the present participle

The student has already encountered many English constructions with '-ing' which are rendered in other ways, as for instance in section 52, page 121. The present participle in Dutch is equivalent to the English verb form with '-ing', although it is not used as frequently. It is formed by adding -d(e) to the infinitive:

lopend walking, **gaande** going, **huilend** crying, **zijnde** being.

It is commonly used as an adjective. When it has the ending -**d**, -**e** is added according to the rules given for adjectives (see section 35, page 82).

volgend jaar	next year
volgende week	next week
de lopende band	conveyor belt
werkende vrouwen	working women

It is also used as an adverb of manner:

Hij kwam ons lachend tegemoet. He came towards us laughing.
Al doende leert men. Practice makes perfect.

68 Telling the time

Hoe laat is het?	What time is it?
Het is vijf uur.	It is five o'clock.
Het is kwart over vijf.	It is quarter past five.
Het is kwart voor zes.	It is quarter to six.
Het is half zes.	It is half past five.

Note that when giving the half hour, Dutch looks forward to six whereas English looks back to five.

In Dutch, the clock is divided up into quarters and time is measured up to the quarter hour:

Het is vijf over negen.	It is five past nine.	} 1st quarter
Het is tien over negen.	It is ten past nine.	
Het is tien voor half tien.	It is twenty past nine.	} 2nd quarter
Het is vijf voor half tien.	It is twenty-five past nine.	
Het is vijf over half tien.	It is twenty-five to ten.	} 3rd quarter
Het is tien over half tien.	It is twenty to ten.	
Het is tien voor tien.	It is ten to ten.	} 4th quarter
Het is vijf voor tien.	It is five to ten.	

NOTE The 24 hour clock is used for official times, such as those given in railway timetables.

de minuut and **de seconde** are used in the plural after numbers. For example:

Ik heb tien minuten gewacht. I waited for ten minutes.

but **het uur** (hour) and **het kwartier** (quarter of an hour) are used in the singular after numbers. For example:

We hebben vier uur in de trein gezeten. We were in the train for four hours.

Hij heeft drie kwartier in de rij gestaan. He queued for three-quarters of an hour.

Note that expressions of time in Dutch are never preceded by an equivalent of English 'for'.

Vocabulary

aanzetten	switch on
afslaan	cut out (engine)
de a'gent	policeman
bellen	ring (the doorbell)
de benzine	petrol
het benzinestation	petrol station
door	through; by
hoe komt het dat . . .?	how is it that . . .? how come . . .?
juist	correct, right, exact
klaarmaken	get ready, prepare
de kroeg	pub
aan de linkerkant	on the left-hand side
links	on the left
links'af	to the left
merken	notice
het meubel	piece of furniture
de motor	engine; motor bike
om	at (a particular time); round
om een uur of tien	at about ten o'clock
op'zettelijk	on purpose
pas	not until
de po'litie	police
de politieauto	police car
aan de rechterkant	on the right-hand side
rechts	on the right

rechtsaf	to the right
de repa'ratie	repair
de richting	direction
ruzie hebben	have a row
slaande ruzie hebben	have a blazing row
schat	darling
het stuur	steering-wheel
tanken	fill up (with petrol)
het tankstation	filling station
tege'moetkomen	come to meet, come towards
de terugweg	way back
het uitmaken	break it off (a romance)
uitzetten	switch off
het verkeer	traffic

Exercises

60 *Write out the following times in full in Dutch:*
1 o'clock, 10.25, 9.15, 2.30, 4.35, 11.45, 3.55, 6.10, 8.40, 5.05

61 *Translate the following sentences into English:*
1 De auto wordt gewassen.
2 Het bord werd gebroken.
3 De TV is aangezet.
4 De radio was uitgezet.
5 De kinderen worden om zeven uur door hun moeder naar bed gebracht.
6 Het ontbijt werd door vader klaargemaakt.
7 Er zijn twee kleine katjes in de tuin gevonden.
8 We worden door de buren op een diner gevraagd.
9 Werd je vaak naar het museum meegenomen?
10 Er werd de hele avond naar platen geluisterd.
11 Door wie is het huis gekocht?
12 Er wordt gebeld.
13 Het huilende meisje werd door de agent naar huis gebracht.
14 De hond rende blaffend door het park.

62 *Translate the following sentences into Dutch:*
1 The evening meal is being prepared.
2 My pen was borrowed by the teacher.

3 The kitten has been saved by the policeman.
4 The bill had been paid by my sister.
5 The play is well acted.
6 Tea was made.
7 The tickets have all been sold.
8 A lot of money had been spent.
9 Has the dress been washed before?
10 The sleeping dog has been lying on the carpet for hours.

Drills

1 *Stimulus-response drill*
S Begint de film om vier uur?
R Nee, die begint om vijf over vier.

S Begint de film om tien over acht?
R Nee, die begint om kwart over acht.

S Begint de film om vijf voor half zeven?
R Nee, die begint om half zeven.

S Begint de film om vijf over half drie?
R Nee, die begint om tien over half drie.

S Begint de film om kwart voor zes?
R Nee, die begint om tien voor zes.

S Begint de film om half tien?
R Nee, die begint om vijf over half tien.

S Begint de film om vijf voor acht?
R Nee, die begint om acht uur.

2 *Stimulus-response drill*
S Wordt de brief geschreven?
R Hij is al geschreven.

S Worden de ramen gewassen?
R Ze zijn al gewassen.

S Worden jullie uitgenodigd?
R We zijn al uitgenodigd.

S Word jij betaald?
R Ik ben al betaald.

S Worden de muren geschilderd?
R Ze zijn al geschilderd.

S Wordt de lunch klaargemaakt?
R Hij is al klaargemaakt.

S Wordt het huis verkocht?
R Het is al verkocht.

CONVERSATION

Rij jij of rij ik?/Who's driving? You or me?

Huib **Hoe komt het dat wij uitgenodigd zijn en Peter niet? Heeft Claudia het uitgemaakt?** How come we have been invited and not Peter? Has Claudia broken it off?

Marjan **Huib! Hebben we geen benzine nodig? Je zei toch dat we moesten tanken.** Huib! Don't we need some petrol? Didn't you say we had to fill up?

Huib **Ja, maar het is nog tien minuten rijden, en dan zijn we er.** Yes, but it's another ten minutes' driving, and then we're there.

Marjan **Vergeet niet dat we ook terug moeten gaan. Hier aan de linkerkant is een tankstation. Stoppen!** Don't forget that we've got to go back as well. Here's a filling station on the left. Stop!

Huib **Ik kan niet zo maar linksaf gaan. Er kwam verkeer uit de andere richting. En we worden door een politieauto gevolgd.** I can't just turn off to the left like that. There was traffic coming from the other direction. And we're being followed by a police car.

Marjan **Jij zit achter het stuur, schat. Jij moet het weten. Maar luister eens, als je nu niet tankt, dan rij ik niet op de terugweg.** You're behind the wheel, darling. You know best. But listen here, if you don't fill up now, then I won't drive on the way back.

Huib **Maar dan kan ik niets drinken.** But then I won't be able to drink anything.

Marjan **Juist. Hoe laat gaan de benzinestations dicht?** Quite. What time do the petrol stations close?

Huib **Om een uur of elf. Wij zullen pas om een uur of twaalf weggaan. Kijk! Daar heb je een garage!** At about eleven o'clock. We won't be leaving until about twelve. Look! There's a garage!

Marjan	**Er wordt geen benzine verkocht. Het is alleen maar voor reparaties. Wist je niet dat Peter en Claudia al wekenlang ruzie hebben? Slaande ruzie.** They don't sell petrol. It's only for repairs. Didn't you know that Peter and Claudia have been quarrelling for weeks? Like cats and dogs.
Huib	**Ik had wel iets gemerkt. Waarom?** I had noticed. Why?
Marjan	**Ze wordt door hem veel te veel alleen gelaten. Hij gaat veel met zijn vriendjes naar de kroeg. Hé! Waarom stop je nou hier?** She's left on her own by him far too much. He goes to the pub a lot with his mates. Hey! Whatever are you stopping here for?
Huib	**Ik stop niet opzettelijk. Eh . . . de motor slaat af. Ik denk . . . Hé! Marjan! Waar ga je naartoe, schat?!** I'm not stopping on purpose. Er . . . the engine's cutting out. I think . . . Hey! Marjan! Where are you going, darling?

Graded Reading Passages

The following passages have been graded not according to vocabulary but according to the grammatical constructions they contain. The most important new words and phrases are listed after the text in the order in which they occur. It is always advisable to go through the vocabulary before reading the passage.

(a) after the title of the passage indicates that the passage mainly contains grammar covered in Lessons 1–13. All the sentences are short and simple. Rating: easy.

(b) after the text indicates that the passage contains grammatical constructions from all the lessons. The sentences are short and relatively simple. Rating: moderately difficult.

(c) after the text indicates that the passage contains grammatical constructions from all the lessons, especially those discussed in Lessons 14–20. The sentences are longer and complex in construction. Rating: difficult.

1
Lang en groen (a)/Long and green

Jan-Willem en Roos mogen bij Madelief eten.
Ze staan in de keuken. Ze helpen Madeliefs moeder bij het koken.
Jan-Willem en Roos schillen aardappelen. Madelief breekt
sperziebonen doormidden. Ze gooit ze daarna in een pan met water.
'Ik weet een raadsel,' zegt Madelief. 'Het is groen, het is lang, het
is een plant en je kunt het eten.'
'Een sperzieboon,' zegt Jan-Willem.
Dat is vervelend. Jan-Willem heeft het meteen goed geraden.
'Nee,' jokt Madelief. 'Mis, dat is niet goed.'
Ze probeert gauw iets anders te bedenken dat lang en groen is.
'Doperwten,' zegt Roos.
'Die zijn niet lang.'
'Prei,' zegt Jan-Willem.
'Dat is niet helemaal groen. Dat is wit aan het eind.'
'Tuinbonen,' zegt Roos.
'Nee.'
'Komkommer,' zegt Jan-Willem.
'Nee.'
Ze raden veel te snel. Madelief kan niks bedenken wat lang en
groen is. Roos en Jan-Willem weten ook niks meer.
'Zeg het maar,' zegt Roos.
Madelief zegt niks.
'Haha, je weet het zelf niet eens,' schreeuwt Jan-Willem.
'Jawel,' zegt Madelief, 'het is een wortel.'
Jan-Willem en Roos zijn even stil.
'Dat kan niet,' zegt Jan-Willem dan. 'Een wortel is oranje.'
'Maar hij is wél lang en je kunt hem eten,' zegt Roos.
'Dat groen, dat zei ik maar om het moeilijker te maken,' zegt
Madelief.
'O,' zegt Jan-Willem.
Hij denkt na. Dan zegt hij: 'Ik heb ook een raadsel. Het is rood,
het is dom en het begint met een M.'
Roos en Madelief begrijpen er niets van.
Maar plotseling begint Roos te lachen.
''t Is Madelief,' grinnikt ze. 'Dat begint met een M.'
'Precies,' zegt Jan-Willem. 'Knap hoor.'

'Rood en dom,' zegt Madelief rood van kwaadheid. 'Jij maakt het té moeilijk.'

Ze smijt de sperziebonen zo hard in het water dat het spat.

(From Guus Kuijer: *Met de poppen gooien* published by Em Querido's Uitgeverij bv, Amsterdam 1975)

Vocabulary

schillen	peel
de sperzieboon	French bean
doormidden	in half
gooien	throw
het raadsel	riddle
groen	green
raden	guess
jokken	fib
mis	wrong
gauw	quickly
de doperwt	pea
de prei	leek
de tuinboon	runner bean
de komkommer	cucumber
niks = niets	nothing
schreeuwen	shout, yell
de wortel	carrot
hij denkt na	he thinks it over
plotseling	suddenly
grinniken	snigger
de kwaadheid	anger
smijten	fling, throw
spatten	splash

2
De gestranden (a)/Stranded!

'Mag ik deze rotsen meenemen pap?'
  'Nou, dat wordt een beetje te zwaar Kasper, in de koffer.'
  'Maar het zijn echte edelstenen, want dat zei je zelf.'
  'Ja Kas, dat weet ik, maar laat ze toch maar hier.'
  'Hoe laat gaan we weg pap?'
  'Over een half uurtje gaat de bus.'
  'Naar Athene?'
  'Nee, naar Iraklion. En daar gaan we met het vliegtuig naar Athene.'
  'En dan?'
  'Dan drinken we op het vliegveld van Athene eerst een lekker flesje limonade en dan gaan we met een ander vliegtuig door naar Amsterdam.'
  'Hoe laat zijn we dan thuis?'
  'Vanavond om acht uur lig jij weer lekker in je eigen bedje.'
  'Hoe laat is het nu pap?'
  'Het is nu half vijf.'
  'Half vijf in de avond?'
  'Nee, half vijf in de nacht. Ik zou die zeesterren ook maar hier laten Kas, want die gaan misschien een beetje stinken, onderweg.'
  'Mag ik dan wel de schedel van de Minotaurus meenemen?'
  'Ja, dat mag. Nee, niet onder je arm. In de koffer. Zullen we je duikbril er ook maar niet in doen?'
  'Nee die hou ik op pap, voor wanneer het vliegtuig in zee stort.'
  'Ben je gek knul, dat gebeurt tegenwoordig niet meer hoor. Zo, nu kan er niks meer bij. Nou, zullen we dan maar gaan? We moeten nog een heel stuk lopen naar de bushalte.'
  'Goed.'

(From Kees van Kooten: *Koot graaft zich autobio* published by de Bezige Bij, Amsterdam 1981)

Vocabulary

de gestrande	stranded person
de rots	rock
de edelsteen	precious stone
over	in

Athene	Athens
het flesje	(little) bottle
gaan . . . door	go on, continue
eigen	own
de zeester	starfish
stinken	stink
onderweg	on the way
de schedel	skull
de Minotaurus	the Minotaur
de duikbril	goggles
hou . . . op	keep on, keep wearing
storten	plunge, fall
de knul	fellow, chap, boy
gebeuren	happen
tegenwoordig	nowadays
hoor	*often added to the end of a sentence in speech: usually untranslatable*
een heel stuk	a long way

3
In Amsterdam (b)

Voor mij in het warenhuis liep een dame. Ze had een prettige rug en ze was, net als ik, op weg naar de uitgang. Toen ze vlak bij de deur kwam passeerde zij de paraplu-afdeling, nam in het voorbijgaan een prachtig nieuw regenscherm met het prijskaartje en al van de toonbank en marcheerde er welgemoed mee naar buiten.

'Ach!' riep ik bewonderend.

Het was een misdaad zonder fouten.

'Zei u iets, meneer?' vroeg de verkoopster van de paraplustand, die nu pas opkeek.

'Nee, dank u,' antwoordde ik en liep ook naar buiten. Ik was er echt een beetje opgewonden van, want ik heb het nog nooit van zó dichtbij gezien – stelen. Zoudt u nu geroepen hebben: 'Houd de dief?' of zoiets? Misschien was het mijn burgerplicht geweest, maar ik bén zo niet. Ik hou me buiten zulke dingen. Ik denk gewoon: 'o, daar jat iemand wat,' zoals je denkt: 'o, daar gaat een vogeltje.' Je hebt ook mensen die dan in het geweer komen. Dat zijn bemoeiers. Je hebt bemoeiers en doorlopers en ik ben een doorloper. Daar kun je niets aan doen.

(From Simon Carmiggelt: *Verhaaltjes van vroeger* published by BV Uitgeverij De Arbeiderspers, Amsterdam 1981)

Vocabulary

het warenhuis	department store
de dame	lady
prettig	nice, pleasant
de rug	back
de uitgang	exit
vlak bij	close to
passeren	pass by
de afdeling	department
in het voorbijgaan	in passing, here = as she went past
het regenscherm	umbrella
het prijskaartje	price ticket
de toonbank	counter
marcheren	march
welgemoed	cheerful

roepen	call
bewonderen	admire
de misdaad	crime
opkijken	look up
opwinden	excite
stelen	steal
zoudt = zou	
de dief	thief
de burgerplicht	duty as a citizen
zulk	such
gewoon	just
jatten	pinch
in het geweer komen	be up in arms
de bemoeier	busybody, person who interferes
de doorloper	person who walks past
er iets aan doen	do something about it

166

4
Kenmerken-regels (b)/Rules for writing sales letters

Voor de briefreclame bij schriftelijke aanbiedingen werden jaren geleden andere regels opgesteld, de z.g. kenmerken-regels. Deze bleken zo effectief te zijn, dat zij tegenwoordig steeds meer worden aangewend bij het opstellen van verkoopbrieven:

1. Geef een opschrift of een eerste zin, die de belangstelling wekt.
2. Voeg er een stimulerende passage aan toe.
3. Beschrijf het produkt aanschouwelijk.
4. Vertel iets overtuigends betreffende het gebruik van het produkt.
5. Wijs op tevredenheidsbetuigingen van uw klanten.
6. Roem de speciale verdiensten van het produkt.
7. Verklaar welk nut de lezer van het produkt zal hebben.
8. Bedenk iets, waardoor hij lust krijgt het produkt onmiddellijk te kopen.

Of u nu een beginneling bent of meer ervaring hebt, u kunt erop rekenen betere verkoopbrieven te schrijven, wanneer u ze naar één van de bovenstaande regels opstelt. Het speelt niet zo'n grote rol aan welke u de voorkeur geeft. Hoofdzaak is uw inzicht, dat men nooit goede resultaten kan verkrijgen zònder voorbereidende analyse en een psychologisch duidelijke lijn, die de brief „ruggegraat" geeft.

(From Ivan Hammar: *Verkoopbrieven* published by Uitgeverij Schuyt NV, The Netherlands)

Vocabulary

roemen	praise
de verdienste	merit
verklaren	explain
het nut	use, benefit
lust krijgen	desire
onmiddelijk	immediately
de ervaring	experience
rekenen op	count on
naar	here: according to
bovenstaand	above
de voorkeur geven aan	give preference to

het kenmerk	characteristic (*here: of advertisement in letter-form*)
de regel	rule
de briefreclame	advertising by letter
schriftelijk	written, in writing
de aanbieding	offer
geleden	ago
opstellen	compile
z.g. = zogenaamd	so-called
blijken	turn out
steeds meer	more and more
aanwenden	apply
de verkoopbrief	sales letter
het opschrift	heading
de zin	sentence
de belangstelling	interest
wekken	arouse
toevoegen aan	add to
beschrijven	describe
aanschouwelijk	clear, graphic
overtuigend	convincing
betreffende	concerning
het gebruik	use
wijzen op	point out
de tevredenheidsbetuiging	expression of satisfaction
de klant	customer
de hoofdzaak	main thing
het inzicht	realization
men	one
het resultaat	result
de lijn	line
de ruggegraat	backbone

5
Rechten en plichten consument (c)/Consumers' rights and obligations

Het is een gulden regel dat je als klant niet hoeft te betalen voor dingen die niet deugen. De ingehouden betaling moet wel in verhouding staan tot het mankement.

Drukfouten in reisgidsen mogen niet op de klant worden verhaald, tenzij het een duidelijke fout is waarvan iedereen kan zien dat de prijs niet klopt.

Dit zijn enkele citaten uit 'Rechten en plichten van de consument", een boekje dat is geschreven door Loes Dommering, die tien jaar lang als juriste aan Konsumentenkontakt verbonden was.

In twintig afzonderlijke hoofdstukken gaat Loes Dommering uitvoerig maar toch begrijpelijk in op de rechten en plichten die consumenten hebben. Uitgangspunt bij de opstelling van het boekje is geweest de informatiebehoefte van de consument. Wat moet de klant weten als hij of zij een klacht heeft over een geleverd produkt of een verleende dienst. Hoe moet men handelen om niet in de problemen te komen.

Om de gebruiker van het boekje in twijfelgevallen bij te staan zijn als bijlage verschillende standaardcontracten en model-overeenkomsten met hun letterlijke teksten opgenomen. Een groot aantal hoofdstukken gaat verder vergezeld van een voorbeeldbrief, die illustreert hoe men zijn grieven kenbaar maakt.

(From NRC Handelsblad)

Vocabulary

het recht	right
de plicht	obligation
de consu'ment	consumer
gulden	golden
niet deugen	be no good
inhouden	keep back, deduct
in verhouding staan tot	be in relation to
het manke'ment	defect
de drukfout	misprint

de reisgids	guide-book
verhalen op	be detrimental to
het citaat	quotation
de ju'rist	lawyer
Konsumentenkontakt	Dutch consumer organization
verbinden	connect
afzonderlijk	separate
het hoofdstuk	chapter
uitvoerig	in detail
ingaan op	go into
het uitgangspunt	starting-point
de opstelling	compilation
de behoefte	need, requirement
de klacht	complaint
leveren	supply
een verleende dienst	a service rendered
handelen	act
het twijfelgeval	doubtful case
bijstaan	help
de bijlage	supplement, appendix
verschillend	various
de overeenkomst	agreement
het aantal	number
vergezeld van	accompanied by
de grief	grievance
kenbaar	known

Key to Exercises

LESSON 1

Exercise 2: treinen, leeuwen, boeren, peren, poten, buren, pennen, tuinen, bussen, boten, potten, straten, mannen, deuren, manen.

LESSON 2

Exercise 3: 1 Is the man nice? 2 You are crazy. 3 I am very ill. 4 She is ill too. 5 Are you tired? 6 We are also tired. 7 The farmers are kind. 8 They are very nice. 9 You are very kind. 10 You are sly.

Exercise 4: 1 He has a house. 2 It has a garden. 3 Do the neighbours have a boat? 4 We have a garden and a boat. 5 Do you have an umbrella? 6 I have a pear. 7 You have a pear and a carrot. 8 Does the farmer have a lion in the garden? 9 Lions have paws. 10 Do you have a pen?

Exercise 5: 1 Zijn de buren vriendelijk? 2 Hij is aardig. 3 Zij is erg ziek. 4 Wij hebben een huis en een tuin. 5 Het huis is nieuw. 6 Heeft u een dier in de tuin? 7 Ja, ik heb een leeuw. 8 Jij hebt een pen en een paraplu. 9 Zij zijn allebei nieuw. 10 Jullie zijn moe en ziek. 11 Ik ben ook ziek. 12 U bent erg mooi. 13 De maan is ook mooi. 14 Zij hebben een boot. 15 Heb jij ook een boot?

LESSON 3

Exercise 6: 1 The man is little. 2 The girl is very fat. 3. The houses are much too big. 4 The woman has a wig. 5 The neighbours have a child. 6 It is a girl. 7 The girl is sitting in the garden. 8 The shoes are a bit down at heel. 9 The animal is not friendly. 10 It is cunning.

Exercise 7: 1 This house has a garden. 2 That house is too small. 3 Those houses are very large. 4 This dress is too short. 5 These shoes are a bit big. 6 Those shoes are much too small. 7 Do you see this boy and this girl? 8 They are very nice. 9 Those are the neighbours. 10 That one is nice, but that one is not so friendly.

Exercise 8: 1 Deze jongen heeft een boot. 2 Dat meisje heeft een pen. 3 Deze mannen zijn erg vriendelijk. 4 Die vrouwen zijn ook vriendelijk. 5 Dit huis is groot, maar dat is klein. 6 Die tuin is te groot. 7 Die schoenen zijn erg duur. 8 Die jurk is te kort, maar deze is erg mooi. 9 Dat zijn de buren. 10 Ze zijn niet erg aardig. 11 Dat dier daar is een leeuw. 12 Dit is de boer. 13 Hij zit in een boot. 14 Deze boot is nieuw en die ook. 15 Deze vrouwen zijn allebei moe.

LESSON 4

Exercise 9: 1 I have two pens. 2 The farmer has a lot of carrots. 3 Wolves and lions are animals. 4 Houses have roofs. 5 The towns have many roads and streets. 6 Those women have very many books. 7 Students always have a lot of books. 8 Biographies are not always dull.

Exercise 10: 1 These are the boys and girls of the neighbour. 2 She has two aunts and two uncles. 3 These photographs are very good. 4 The fathers of those children have many ambitions. 5 Those songs are very beautiful. 6 These umbrellas are large. 7 The city has many trams. 8 Those tables are new.

Exercise 11: 1 The librarian has many novels. 2 The authoress has two houses. 3 The teacher is very nice. 4 This is my secretary. 5 The father of the student has a boat. 6 The farmers' wives are friendly. 7 Are princesses always beautiful? 8 The Englishwoman is ill: she has a temperature.

Exercise 12: 1 Deze peren zijn duur. 2 Ik heb twee jurken. 3 Zijn die romans saai? 4 De schrijfster heeft veel boeken. 5 Biografieën zijn moeilijk. 6 De Nederlandse heeft twee kinderen. 7 Verpleegsters zijn altijd vriendelijk. 8 De foto's van de leeuwin zijn erg goed. 9 De jongens en meisjes zijn in de tuin. 10 Zijn de wegen hier goed? 11 Zie je die rokken in de etalage? 12 Ik heb een boek over schepen en boten. 13 Is de lerares erg moe? 14 Tantes en ooms zijn aardig. 15 Heeft de prins een secretaris?

LESSON 5

Exercise 13: 1 ik lig, hij ligt 2 ik woon, hij woont 3 ik praat, hij praat 4 ik drink, hij drinkt 5 ik word, hij wordt 6 ik zit, hij zit 7 ik rij, hij rijdt 8 ik kom, hij komt 9 ik sla, hij slaat 10 ik zie, hij ziet 11 ik houd, hij houdt 12 ik ga, hij gaat

Exercise 14: 1 We live in London. 2 Where do you live? 3 He lies in bed. 4 Do you drink a lot of beer? 5 I think it is a very pleasant party. 6 They are sitting in the garden behind the house. 7 She talks a lot. 8 Who lives in that house? 9 We like parties. 10 What do you think of the wine in this restaurant?

Exercise 15: 1 Where are the students going? 2 Do you see the children over there? 3 They are standing in front of the house. 4 I come from London. 5 Where do you come from? 6 What are we doing this evening? 7 Do you always go to that restaurant? 8 She sees the neighbour in the bus. 9 Goodbye. I'm going home. 10 This boy always hits the dog, but that one never does.

Exercise 16: Wat doe je na het feest? 2 Ik ga naar huis. 3 Waar komen zij vandaan? 4 Wij wonen in dat huis. 5 Waarom zitten jullie in de tuin? 6 Ik lees een boek. 7 Kent u Amsterdam? 8 Zij blijft thuis. 9 Wat drinken de kinderen? 10 Wie staat daar? 11 De bibliothekaresse houdt van feesten. 12 Je praat vanavond veel.

LESSON 6

Exercise 17: 1 Read that book. 2 But I don't like novels. 3 Those people haven't got a car. 4 She isn't coming by bicycle: she's coming by tram. 5 You don't eat meat, do you? 6 Do you really not know that? 7 The children do not play in the street. 8 Tomorrow we are going to the beach by train. 9 This bus doesn't stop in Beatrix Street. 10 I like sitting in the garden in summer.

Exercise 18: 1 We are going home tomorrow. 2 I don't swim in the sea in the winter. 3 The Englishman is coming on a visit today. 4 She always sits here. 5 They live there, don't they? 6 In summer the boys like to play outside. 7 No, I'm not staying at home this evening. 8 I don't know. 9 The tram doesn't stop in King Square. 10 This man is not nice.

Exercise 19: 1 Doe dat.   2 Doe dat niet   *or*   Niet doen.   3 Blijft u hier.   4 Hij is op kantoor.   5 We gaan met de trein naar Amsterdam. 6 Ze leest dat boek in het Nederlands.   7 Ze komen vanavond niet naar het feest.   8 Hij is hoogleraar in de geschiedenis, niet waar? 9 Nee, ik ben geen hoogleraar in de geschiedenis.   10 Drinken jullie geen wijn?   11 Die bus stopt hier niet.   12 Ik lig graag in bad. 13 De poes is niet boven.   14 Hebben ze geen tuin?   15 Speel niet op straat: het is te gevaarlijk.

LESSON 7

Exercise 20: 1 They always see us in the café.   2 Give me a cup of tea.   3 Here is the letter. She'll get it tomorrow.   4 We are doing it for you.   5 He gives the present to her.   6 There are the neighbours' children. The cat likes playing with them.   7 The books are on the table. Do you see them?   8 Is the garden behind the house? No, it is in front of it.   9 What are you doing with that bicycle? I am riding to town on it.   10 What is the girl doing with the pen? She is writing with it.

Exercise 21: 1 She has the children with her.   2 They have a lot of money on them.   3 Have you an umbrella with you?   4 We haven't any photographs with us.   5 Do you feel tired?   6 He is bored at the office.   7 You are enjoying yourself at the party, aren't you?   8 We are not in a hurry.   9 Doesn't she like apple cake? I'm amazed. 10 Have a wash immediately!

Exercise 22: 1 We zien jullie altijd in de bus.   2 Die appeltaart is lekker. Waar koop je hem?   3 Hoe voelt u zich?   4 De kinderen geven ons een cadeau.   5 Geef dat kopje koffie aan mij.   6 Daar staat de auto – zie je hem?   7 Wij eten bij hen.   8 Ik geef je de pen en jij schrijft ermee.   9 Daar is de bibliothekaresse. Kennen jullie haar?   10 De kinderen gedragen zich goed.   11 U houdt van romans, niet waar? Leest u ze altijd?   12 Hebben jullie geld bij je?   13 Ze wast zich boven.   14 We amuseren ons hier op het terrasje voor het café.   15 Ik herinner me die man.

LESSON 8

Exercise 23: 1 This car is ours.   2 These books are theirs.   3 This piece of cake is hers.   4 Those bicycles are ours.   5 This cup of tea is yours. 6 This newspaper is mine. 7 That umbrella is yours. 8 That money is his.

1 Deze auto is de onze. 2 Deze boeken zijn de hunne. 3 Dit stuk taart is het hare. 4 Die fietsen zijn de onze. 5 Dit kopje thee is het jouwe. 6 Deze krant is de mijne. 7 Die paraplu is de uwe. 8 Het geld is het zijne.

Exercise 24: 1 Do you know my husband? 2 His wife is very nice. 3 Your paper is on the table. 4 Have you your umbrella with you? 5 Her shoes are on the floor. 6 Our cases are there on the platform. 7 I think their garden is very beautiful. 8 Where is your car?

Exercise 25: 1 I have my mother's car this evening. 2 Her brother's girl friend comes from Utrecht. 3 The neighbours' cat plays in our garden. 4 He has his sister's bicycle. 5 They need money. 6 Haven't you any cigarettes? Take mine. 7 That book of yours is on the chair. 8 I'm looking for a bag. Where is yours? 9 Hasn't he a newspaper? Why doesn't he take ours? 10 That cake of hers is extremely tasty.

Exercise 26: 1 Hier zijn je sigaretten. 2 Mijn koffer staat daar. 3 Kennen jullie hun dochter? 4 Zijn die kinderen van haar? 5 Ons huis is veel te groot voor ons. 6 We hebben uw treinkaartjes. Wie heeft die van ons? 7 Zijn vrouw is erg vriendelijk. Ken je haar? 8 Haar kinderen spelen vaak met de mijne. 9 Zijn die schoenen op de grond van jullie? 10 Heb je alleen maar een koffer? Draag dan die tas van hem.

LESSON 9

Exercise 27: 1 gemaakt, geklopt, gebeld, verteld, gewerkt, gekookt, ontmoet, beloofd, verhuisd, gebrand.

Exercise 28: 1 She took a photograph of the house yesterday. 2 We talked about everything. 3 My brother cooked this evening. 4 Have you always lived in Utrecht? 5 What a pity! You've missed the train. 6 The children have built a little house in the garden. 7 I've burnt the pile of newspapers. 8 Grandpa rang yesterday. 9 Did you tell everything to your mother? 10 They met her in the park. 11 Yesterday he played in the street with his friends. 12 Afterwards he studied at home.

Exercise 29: 1 Ik heb gisteren hard gewerkt. 2 Jullie hebben in Holland gewoond, niet waar? 3 Ze heeft die jurk zelf gemaakt. 4 Ze hebben een foto van ons huis gemaakt. 5 Wie heeft ze op het station ontmoet? 6 Ik heb me verbaasd. 7 Hij heeft ons over het feest verteld. 8 Heeft u er iets over gehoord? 9 We hebben het altijd geloofd. 10 Ik heb me gisteren erg moe gevoeld.

LESSON 10

Exercise 30: 1 gekomen, gehad, gelegen, gegaan, geweest, gelezen, gegeten, gekocht, geschreven, gedacht, gebleven, gedaan

Exercise 31: 1 Did you stay at home yesterday? 2 The children have already done their homework. 3 The librarian has written a book himself. 4 Why didn't you come? 5 I have read very many books. 6 Did you eat in that restaurant yesterday? 7 We went to the cinema today. 8 We both walked. 9 You have been very busy, haven't you? 10 She has already seen that film. 11 The neighbours' son has hit his dog. 12 My brother was in town this morning.

Exercise 32: 1 Waarom bent u met de bus gekomen? 2 Ze zijn naar het station gereden. 3 Ik ben gisteren de stad in gelopen. 4 Zijn jullie al in het museum geweest? 5 Wat heeft ze in de stad gekocht? 6 Wie heb je in het park gezien? 7 We zijn vandaag thuis gebleven. 8 Mijn zus heeft vanochtend een auto gekocht. 9 De poes heeft in de zon gelegen. 10 Waar hebben jullie 's avonds gegeten?

LESSON 11

Exercise 33: 1 I have a large living room. 2 They have new curtains and a new carpet. 3 It's lovely weather today. 4 My father needs a new car. 5 Do you feel like a nice glass of beer? 6 What a splendid view! 7 We don't like dark colours. 8 My sister thinks white walls are pretty. 9 Gold rings are too expensive. 10 Do you see those dresses? I've bought a blue one.

Exercise 34: The bedroom is much bigger than the kitchen. 2 I think this carpet is prettier than that one. 3 My brother thinks coffee is nicer than tea. 4 Larger houses are also more expensive. 5 I have read a much more interesting biography. 6 Their bathroom is as small as our kitchen. 7 Do you think beer is as nice as wine? 8

Our cat is much thinner than yours. 9 Dark colours are just as pretty as light ones. 10 These shoes are just as expensive as those.

Exercise 35: 1 Dit is een interessant boek. 2 Deze kamer heeft grote ramen. 3 Heb je een nieuw vloerkleed? 4 De houten stoel staat in de slaapkamer. 5 Gebroken ramen zijn gevaarlijk. 6 Wat een prachtige foto! 7 Het is vandaag slecht weer. 8 Wanneer heeft u die witte schoenen gekocht? 9 We hebben een kleiner huis nodig. 10 Ze hebben duurdere gordijnen dan deze gekocht. 11 Ik vind de donkerder kleur mooier. 12 Jullie vader is net zo nieuwsgierig als jullie moeder. 13 De badkamer is even groot als de keuken. 14 We hebben geen warm water. 15 Deze koffer is zwaarder dan die.

LESSON 12

Exercise 36: 1 het stoeltje 2 het dochtertje 3 het briefje 4 het terrasje, 5 het kammetje 6 het filmpje 7 het dagje 8 het tafeltje 9 het woninkje 10 het huisje 11 het balletje 12 het boompje

Exercise 37: 1 This is the smallest kitten. 2 Their youngest child has a new bicycle. 3 I think this room is the loveliest. 4 Most people have a car. 5 My little son sings the best. 6 I didn't buy the most expensive shoes. 7 Did you read the note? 8 This author writes very well. 9 He likes red wine best. 10 They like eating pudding best of all. 11 I've received the strangest telephone call. 12 He is the nicest doctor in our neighbourhood.

Exercise 38: 1 Dit is de goedkoopste auto. 2 Neem het gezondste katje. 3 We zijn naar het beste restaurant gegaan. 4 Jullie tuintje is erg mooi. 5 Ze drinkt altijd de duurste wijn. 6 Dit kleine hondje rent het snelst. 7 Dank je voor het cadeautje. 8 Heeft u mijn briefje gekregen? 9 Dat is een goed boek maar dit is het interessantst. 10 Het kopje staat op het tafeltje.

LESSON 13

Exercise 39: 1 I want to eat here. 2 We can't come this evening. 3 She must go home by taxi. 4 You may not smoke in this compartment. 5 We want a double room with a bath. 6 May I sit at this table? 7 Can you just do this for me? 8 They must certainly visit the museum. 9 I'm sorry, but it's not allowed. 10 Do you want red or white wine?

Exercise 40: 1 She had to go early. 2 Weren't you able to come yesterday? 3 What did you want to buy? 4 I had to work hard. 5 The children were not allowed to play here. 6 We couldn't find anything nice. 7 It wasn't possible. 8 We were not allowed to do that. 9 Were you able to get a hotel room? 10 I wanted to say something kind, but I didn't succeed.

Exercise 41: 1 Hij kan vandaag niet komen.   2 Mag ik de sleutel hebben?   3 We moeten een nieuwe auto kopen.   4 Deze meneer wil een tweepersoonskamer.   5 Kunt u het meteen doen?   6 Moeten jullie nu naar huis gaan?   7 We hebben iets goedkoops willen kopen. 8 Ze hebben een taxi moeten nemen.   9 Heb je mogen roken? 10 Ik heb die zware koffer niet kunnen dragen.

LESSON 14

Exercise 42: 1 His girl friend is going away today. 2 When is she coming back? 3 I have to ring up tomorrow. 5 Are you going along with us? 5 The nice thing is – we'll be seeing each other again soon. 6 Take the key with you. 7 May I have a lift with you? 8 We are fetching our daughter from the station. 9 Can you just shut the door for me? 10 The plane arrives in half an hour.

Exercise 43: 1 She went away this morning. 2 Did the children eat up everything? 3 When did you ring him up? 4 They came back from their holiday yesterday. 5 He embraced her on the platform. 6 My sister collected me by car. 7 We met the blind man in the street. 8 The library has already closed. 9 I had a lift with my brother. 10 Did they accept his proposal?

Exercise 44: 1 Ze komen vandaag terug. 2 Wanneer gaat u weg? 3 Bel hem op. 4 Je moet alles opeten. 5 We hebben de blinde in de stad ontmoet. 6 Hebben ze je van het vliegveld afgehaald? 7 Doe de deur open. 8 Ik heb hem nooit teruggezien. 9 Wat heeft hij voorgesteld? 10 Ze wil met ons meerijden. 11 Ik heb mijn studie afgemaakt. 12 Heb je je broer naar het feest meegenomen?

LESSON 15

Exercise 45: 1 I shall ring him up tomorrow. 2 He is going to buy a new pair of trousers. 3 Shall we go to the wedding? 4 What are you

178

going to do now? 5 The children will need some summer clothes.
6 She won't have a cent left over. 7 Why don't they go on a
boat-trip? 8 The canals will look lovely. 9 Are we going to watch
TV? 10 She will never know.

Exercise 46: She is reading. 2 I dare not look. 3 Did you forget to
come? 4 They sat talking all evening. 5 Do you hear her calling?
6 He doesn't have to buy any new clothes. 7 I started to read, but
the book doesn't interest me. 8 Do you see him sitting in the corner?
9 We went and helped immediately. 10 I had my old coat dry-cleaned.

Exercise 47: 1 Wat gaan we doen? 2 Ik zal een nieuwe hoed kopen.
3 Ze zullen haar nooit vergeten. 4 Het boompje begint te groeien.
5 Hij probeerde een das te vinden. 6 Kijken de kinderen naar de
televisie? 7 Ik leer hem zwemmen. 8 Heeft u uw jas laten
stomen? 9 Je hebt verbaasd staan te kijken. 10 We hebben de
buurman in bad horen zingen.

LESSON 16

Exercise 48: They earn a lot and they spend a lot. 2 I like the
theatre, but I also go to the cinema. 3 Are you staying at home or are
you going out? 4 It's raining, so we're going by car. 5 Do you know
if it's true? 6 I think he's right. 7 She's washing her hair. 8 If it's
possible, we want to go to the theatre this evening. 9 She says that
they are eating. 10 When the weather is fine, the children go and
play in the park. 11 His face seems familiar to me because I've seen
him on TV. 12 He says he laughed a lot because the play is so funny.

Exercise 49: 1 Hij kijkt naar de televisie en zij luistert naar de radio.
2 We zijn de auto aan het wassen. 3 Hij acteert goed, maar hij is niet
bekend. 4 Ik denk dat u gelijk heeft. 5 Ze wil weten of je aan het
werken bent. 6 Gaan jullie naar een restaurant voordat jullie naar
het theater gaan? 7 Als het mooi weer is, zal ik naar het strand
gaan. 8 Wanneer het regent, blijf ik thuis. 9 Leer je Frans of spreek
je het al? 10 We gaan niet mee want we hebben het toneelstuk al
gezien. *or* We gaan niet mee omdat we het toneelstuk al
gezien hebben.

LESSON 17

Exercise 50: hoopte, hoopten; groeide, groeiden; bouwde,
bouwden; maakte, maakten; leefde, leefden; praatte, praatten;

verhuisde, verhuisden; zette, zetten; blafte, blaften; brandde, brandden.

Exercise 51: schreef, schreven; ging, gingen; bracht, brachten; las, lazen; liep, liepen; vroeg, vroegen; stond, stonden; nam, namen; kocht, kochten; hing, hingen.

Exercise 52: 1 We paid and left. 2 It was lovely weather yesterday. 3 They sat talking all evening. 4 You had three kittens, I thought. 5 They were our neighbours when we lived in Utrecht. 6 He had a big garden before he moved house. 7 Were you satisfied when you worked there? 8 We went along, got into the car and then drove off. 9 She spoke very kindly to me when she rang up. 10 The boy saved the dog and took it home with him.

Exercise 53: 1 Het was een leuk feest, hè? 2 Jullie hadden een hele oude auto. 3 Ik klopte op de deur, deed hem open en ging naar binnen. 4 We waren gisteren in de stad. 5 Had je geen nieuwe fiets? 6 Toen hij ons zag, lachte hij. 7 Ze bouwden een huis en gingen daar wonen. 8 Ik droeg de koffer, zette hem neer en ging erop zitten. 9 Toen sprak ze alleen maar Engels. 10 Toen ik hem de baan aanbood, nam hij hem aan.

LESSON 18

Exercise 54: 1 I arrived too early. 2 The train had left on time. 3 Had you already ordered the wine? 4 We had driven ten kilometres. 5 The butcher had given me three 'ons' (= 300 grammes) of mince. 6 I had been on a visit to my mother-in-law's in June. 7 She said she had paid twelve guilders fifty. 8 They had gone on holiday to Germany in September.

Exercise 55: 1 May I borrow your umbrella? 2 You could go on holiday in August. 3 Could you shut the door, please? 4 If we had enough money, we would go to the film. 5 I would like one and a half pounds of cheese, please. 6 Would that cost more than ten guilders? 7 Would you like to make tea? 8 Could I speak to the secretary, please?

Exercise 56: 1 Hij had die film al gezien. 2 Ze hadden haar een cadeau gegeven. 3 Had u naar veel banen gesolliciteerd? 4 Zou ik je fiets mogen lenen? 5 Hun huis ligt vijf kilometer van het station vandaan. 6 Ik wou graag een half kilo boter. 7 Hij zei dat hij in Engeland was geweest. 8 Zou je me die pen kunnen geven? 9 Ze zei dat het tien gulden zou kosten. 10 Als ze een auto hadden, zouden ze meegaan.

LESSON 19

Exercise 57: 1 They have lived there for years. 2 A girl is walking in the street. 3 He often stays there. 4 Was there enough bread for breakfast? 5 Here is a knife. Can you cut meat with that? 6 How many stamps do you want? I need three. 7 Do you like coffee? No I don't like it. 8 Another spoonful of sugar? No thank you, I have enough. 9 Do you have a radio? Yes, but we never listen to it. 10 Were there many people in the post office? There were a few.

Exercise 58: 1 The boy who is standing there is my brother. 2 Those are the people he is staying with. 3 She refused to go along. 4 I am going to the post office to buy some stamps. 5 The drawing which hangs above the settee is very beautiful. 6 Here is the little table I got second-hand. 7 It isn't a park for walking in. 8 These are the flowers she likes the most. 9 The knives which are lying on the table are not sharp. 10 Do you see the chair on which the cat is sitting? It is my sister's.

Exercise 59: 1 Er speelt een katje in de tuin. 2 Heeft u een postzegel? Ja, ik heb er twee. 3 Waar is de radio? De kinderen luisteren ernaar. 4 De mensen met wie ze praat, zijn erg vriendelijk. 5 Het huis waarin ze wonen, is te groot. 6 Ik heb een fles melk nodig . . . Heb je er geen? 7 Ze hebben er de hele middag gezeten. 8 Neem het kopje dat op tafel staat. 9 De buren die in het kleine huis wonen, zijn aardig. 10 Hier is het park waarin we graag wandelen. 11 Dit is de man aan wie ik het geld heb gegeven. 12 Hij deed het om rijk te worden.

LESSON 20

Exercise 60: 1 één uur 2 vijf voor half elf 3 kwart over negen 4 half drie 5 vijf over half vijf 6 kwart voor twaalf 7 vijf voor vier 8 tien over zes 9 tien over half negen 10 vijf over vijf.

Exercise 61: 1 The car is being washed. 2 The plate was broken. 3 The TV has been switched on. 4 The radio had been switched off. 5 The children are put to bed by their mother at seven o'clock. 6 Breakfast was prepared by father. 7 Two small kittens have been found in the garden. 8 We are asked to dinner by the neighbours.

9 Were you often taken along to the museum? 10 Records were listened to all evening *or* They listened to records all evening. 11 By whom has the house been bought? 12 The doorbell is being rung *or* Someone is ringing the doorbell. 13 The crying girl was taken home by the policeman. 14 The dog ran barking through the park.

Exercise 62: 1 Het avondeten wordt klaargemaakt. 2 Mijn pen werd door de leraar geleend. 3 Het katje is door de agent gered. 4 De rekening was door mijn zus betaald. 5 Het toneelstuk wordt goed geacteerd. 6 Er werd thee gezet. 7 De kaarten zijn allemaal verkocht. 8 Er was veel geld uitgegeven. 9 Is de jurk al eerder gewassen? 10 De slapende hond heeft urenlang op het vloerkleed gelegen.

Commonly used strong and irregular verbs

INFINITIVE		PAST TENSE	PAST PARTICIPLE
beginnen	begin	**begon, begonnen**	**begonnen**
begrijpen	understand	**begreep, begrepen**	**begrepen**
bieden	offer	**bood, boden**	**geboden**
binden	bind	**bond, bonden**	**gebonden**
blijken	turn out	**bleek, bleken**	**gebleken**
blijven	remain	**bleef, bleven**	**gebleven**
breken	break	**brak, braken**	**gebroken**
brengen	bring	**bracht, brachten**	**gebracht**
denken	think	**dacht, dachten**	**gedacht**
doen	do	**deed, deden**	**gedaan**
dragen	carry	**droeg, droegen**	**gedragen**
drinken	drink	**dronk, dronken**	**gedronken**
eten	eat	**at, aten**	**gegeten**
gaan	go	**ging, gingen**	**gegaan**
geven	give	**gaf, gaven**	**gegeven**
hangen	hang	**hing, hingen**	**gehangen**
hebben	have	**had, hadden**	**gehad**
helpen	help	**hielp, hielpen**	**geholpen**
heten	be called	**heette, heetten**	**geheten**
houden	hold	**hield, hielden**	**gehouden**
kijken	look	**keek, keken**	**gekeken**

INFINITIVE		PAST TENSE	PAST PARTICIPLE
komen	come	**kwam, kwamen**	**gekomen**
kopen	buy	**kocht, kochten**	**gekocht**
krijgen	get	**kreeg, kregen**	**gekregen**
kunnun	can, be able	**kon, konden**	**gekund**
lachen	laugh	**lachte, lachten**	**gelachen**
laten	let	**liet, lieten**	**gelaten**
lezen	read	**las, lazen**	**gelezen**
liggen	lie	**lag, lagen**	**gelegen**
lopen	walk	**liep, liepen**	**gelopen**
moeten	must, have to	**moest, moesten**	**gemoeten**
mogen	may	**mocht, mochten**	**gemoogd**
nemen	take	**nam, namen**	**genomen**
raden	advise; guess	**ried, rieden/ raadde, raadden**	**geraden**
rijden	ride	**reed, reden**	**gereden**
roepen	call	**riep, riepen**	**geroepen**
schrijven	write	**schreef, schreven**	**geschreven**
slaan	strike	**sloeg, sloegen**	**geslagen**
slapen	sleep	**sliep, sliepen**	**geslapen**
smijten	throw	**smeet, smeten**	**gesmeten**
snijden	cut	**sneed. sneden**	**gesneden**
spreken	speak	**sprak, spraken**	**gesproken**
springen	jump	**sprong, sprongen**	**gesprongen**
staan	stand	**stond, stonden**	**gestaan**
stelen	steal	**stal, stalen**	**gestolen**
sterven	die	**stierf, stierven**	**gestorven**
stinken	stink	**stonk, stonken**	**gestonken**

INFINITIVE		PAST TENSE	PAST PARTICIPLE
trekken	pull	**trok, trokken**	**getrokken**
vallen	fall	**viel, vielen**	**gevallen**
vangen	catch	**ving, vingen**	**gevangen**
vergeten	forget	**vergat, vergaten**	**vergeten**
verliezen	lose	**verloor, verloren**	**verloren**
vinden	find	**vond, vonden**	**gevonden**
vragen	ask	**vroeg, vroegen**	**gevraagd**
wassen	wash	**waste, wasten**	**gewassen**
weten	know	**wist, wisten**	**geweten**
wijzen	show	**wees, wezen**	**gewezen**
willen	want	**wou/wilde, wilden**	**gewild**
worden	become	**werd, werden**	**geworden**
zeggen	say	**zei, zeiden**	**gezegd**
zenden	send	**zond, zonden**	**gezonden**
zien	see	**zag, zagen**	**gezien**
zijn	be	**was, waren**	**geweest**
zingen	sing	**zong, zongen**	**gezongen**
zitten	sit	**zat, zaten**	**gezeten**
zoeken	look for	**zocht, zochten**	**gezocht**
zwemmen	swim	**zwom, zwommen**	**gezwommen**

Grammatical Glossary

Throughout this book traditional grammatical terms have been used. Readers unfamiliar with any of these should remember that they only serve to describe the way language is used, and in most cases careful study of the examples will fully illustrate the point. To help you further, the terms most useful in a study of Dutch are explained below.

adjective word giving more information about a noun, e.g. a *red* book.

adverb word giving more information about an action.
    -of time: tells when an action takes place e.g. he *often* runs.
    -of manner: tells how an action takes place e.g. he often runs *fast*.
    -of place: tells where an action takes place e.g. he often runs *here* fast.

article
    definite: the
    -**indefinite:** a, an

auxiliary verb a verb used with another e.g. she *will* come, she *must* come, she *has* come.

clause group of words including a subject and a verb.
    -**main clause:** one that can stand alone e.g. I saw her.
    -**subclause:** one that cannot stand alone e.g. I saw her *when I was crossing the street*.

comparative form of adjective used in comparisons. In English usually ends in -er e.g. Ann is *prettier* than Jane.

conjunction word which joins one part of a sentence to another.

-co-ordinating conjunction: joins two main clauses e.g. We went to Holland *and* saw a windmill.

-subordinating conjunction: begins a subclause e.g. I saw her *when* I was crossing the street.

infinitive form of the verb used without a subject corresponding to English *go, to go*.

interrogative question form.

inversion reversal of order of words.

negation saying *not* and *no*.

nouns
    -common: the name given to nouns in Dutch which are preceded by the definite article **de**. The term common is applied to group of nouns in Dutch which are always preceded by **de** e.g. **de tuin** the garden.
    -neuter: the name given to nouns in Dutch which are preceded by the definite article **het**. The term 'neuter' has nothing to do with the sex of a noun, but denotes a particular group of nouns which are always preceded by **het** e.g. **het meisje** the girl.

passive form of the verb used when action it denotes is being performed on the subject. e.g. The wine *was drunk*.

past participle form of verb used in perfect tenses with an auxiliary verb e.g. I have *slept*, they had *played*.

prefix addition to front of a word e.g. *un*friendly.

preposition word indicating relation of one thing to another e.g. *over* the river, *with* my mother.

present participle form of verb ending in *-ing* in English e.g. the *interesting* book. As in the example, it is often used as an adjective.

pronoun word that stands in place of a noun.
    -subject pronoun: e.g. *he, they*.
    -object pronoun: e.g. *him, them*.
    -possessive pronoun: e.g. *his* book, *their* house.

reflexive verb a verb denoting an action performed on the subject by the subject e.g. he *washes himself*, they *enjoy themselves*. Used with a **reflexive pronoun**.

regular verb one which conforms to a common pattern.

relative pronoun word referring to a noun already mentioned e.g. the girl *who* read the book *which* I bought.

stem part of the verb to which prefixes and endings are added e.g. *vind-* is the stem of *vinden*.

stress accentuation of a syllable. The first syllable of *but*ter is described as stressed because it always carries more emphasis than the second.

suffix addition to the end of word e.g. unfriend*ly*

superlative of adjective used in comparisons to indicate the highest degree. In English it often ends in *-st* or *-est* e.g. the *prettiest* dress.

tense form of a verb indicating time of an action – present, past, perfect, past perfect.

Index to grammar and key Dutch words